Roland Pietsch

Beiträge zur islamischen Mystik und Metaphysik

Roland Pietsch

Beiträge zur islamischen Mystik und Metaphysik

2023

Harrassowitz Verlag · Wiesbaden

Bibliografische Information der Deutschen Nationalbibliothek
Die Deutsche Nationalbibliothek verzeichnet diese Publikation in der Deutschen Nationalbibliografie; detaillierte bibliografische Daten sind im Internet über https://dnb.de abrufbar.

Bibliographic information published by the Deutsche Nationalbibliothek
The Deutsche Nationalbibliothek lists this publication in the Deutsche Nationalbibliografie; detailed bibliographic data are available in the internet at https://dnb.de.

Informationen zum Verlagsprogramm finden Sie unter
https://www.harrassowitz-verlag.de

Gedruckt auf alterungsbeständigem Papier.
Druck und Verarbeitung: docupoint GmbH
Printed in Germany

ISBN 978-3-447-12118-7
eISBN 978-3-447-39480-2

Inhalt

Vorwort VII

Anmerkungen zum Begriff islamische Mystik und Metaphysik 1

Mit den Augen des Herzens sehen –
Über die Symbolik der mystisch-metaphysischen Schau bei Ibn ʿArabī 5

Die Licht- und Farbensymbolik des geistigen Weges
bei Naǧm al-Dīn Kubrā 23

Ṣadr ad-Dīn Šīrāzī (Mullā Ṣadrā) – Metaphysik als heilige Wissenschaft 41

Über den geistigen Weg in die göttliche Lichtwelt
Šihāb ad-Dīn Yaḥyā Suhravardīs Symbolik vom Aufstieg
und vom Abstieg der menschlichen Seele 59

Die mystisch-metaphysische Erkenntnis der Wirklichkeit Gottes
Über den Unterschied zwischen göttlicher Wesenheit und göttlichen Energien
oder Eigenschaften bei Gregorios Palamas und Ibn ʿArabī
Eine Gegenüberstellung 71

Vorwort

Am 9. April 2022 hat Professor Dr. Roland Pietsch, langjähriges Mitglied des Hafis-Instituts Berlin, sein achtzigstes Lebensjahr vollendet. Zu Ehren des Jubilars werden vom Hafis-Institut Berlin in diesem Band fünf wissenschaftliche Beiträge vorgelegt, die einen kleinen Einblick in seine wissenschaftliche Tätigkeit geben, die sich auf viele Kulturbereiche erstreckt. Neben seiner Lehrtätigkeit an deutschen Universitäten wirkte er auch an Universitäten im ostslawischen Kulturbereich, in Ost- und Zentralasien und vor allem im Iran und suchte dort durch die unmittelbare Begegnung mit den Menschen deren Kulturen frei von allen ideologischen und politischen Beschränkungen zu verstehen. Dieses sich ständig erweiternde lernende Verstehen erstreckt sich für ihn aber nicht nur auf diese Kulturen und damit folgerichtig auch auf die eigene Kultur, sondern darüber hinaus sucht er vor allem nach der ewigen Weisheit (Sophia perennis), die in ihnen verborgen liegt. Für diese Suche wünscht das Hafis-Institut Berlin dem Jubilar von Herzen gute Gesundheit und bleibende Schaffenskraft. Ad multos annos!

Berlin im September 2022
Andrea Röschke
Vorsitzende des Hafis-Instituts e.V.

Anmerkungen zum Begriff islamische Mystik und Metaphysik

Bei jeder wahren Religion kann zwischen äußerer Form und innerem Gehalt unterschieden werden. Während die äußere Form als solche verhältnismäßig und begrenzt ist, bezieht sich der innere Gehalt unmittelbar auf das Absolute. In der Antike und wurde der Übergang von außen nach innen mit dem Wort μύειν, das heißt: sich schließen, die Augen schließen, beschrieben. Wenn der Mensch die Augen schließt, denn wendet er sich gleichsam von der äußeren Welt ab und wendet sich dem inneren verborgenen Mysterium zu[1]. Dementsprechend bedeutet Mystik in der Antike und im frühen Christentum die Einweihung oder Initiation in die göttlichen Mysterien. Wenn Mystik in diesem allgemeinen Sinn verstanden wird, dann dieser Begriff mutatis mutandis auch auf die islamische Mystik angewendet werde[2].

Im Islam bildet die Mystik gleichsam den Kern der islamischen Religion und wird als taṣawwuf oder al-ʿirfān bezeichnet; sie bezieht sich auf das Mysterium der höchsten göttlichen Wirklichkeit. Der äußere Rahmen, der diese Mitte umgibt, ist das religiöse Gesetz oder die Šarīʿa, das heißt übersetzt: die breite Straße. Wer auf der breiten Straße zu Gott wandert, der hält sich an das Gesetz und erfüllt es. Wer aber darüber hinaus von Gott berufen wird, die höchste Wirklichkeit zu lieben und zu erkennen, der hält das Gesetz, überschreitet es aber gleichsam nach innen. Dieser Weg nach innen ist der enge schmale Pfad oder der mystische Weg (ṭarīqa) der Gottesliebe und Gotteserkenntnis. Dieser Weg setzt zugleich die geistige oder metaphysische Lehre voraus, die sich auf Wahrheiten bezieht, „die dem menschlichen

1 Vgl. Friedrich August Gottreu Tholuck, Blüthensammlung aus der morgenländischen Mystik nebst Einleitung über Mystik überhaupt und Morgenländische insbesondere, Berlin 1825, S. 1-52; Hans-Ulrich Lessing, Mystik, mystisch, in: Historisches Wörterbuch der Philosophie, Bd. 6, Darmstadt 1984, S. 268-279.

2 Vgl. dazu Titus Burckhardt, Vom Sufitum – Einführung in die Mystik des Islam, München-Planegg 1953; Annemarie Schimmel, Mystische Dimensionen des Islam – Die Geschichte des Sufismus, Frankfurt am Main 1995.

Geist angeboren sind, die jedoch in der Tiefe des ‚Herzens' – im reinen Intellekt gewissermaßen vergraben und nur dem geistig Schauenden zugänglich sind; und dies sind die metaphysischen Grundwahrheiten"[3]. Die wichtigste Grundwahrheit ist das Unbedingte, das höchste Eine, das zugleich das unbedingte Gute ist. Diese Grundwahrheit kann grundsätzlich vom menschlichen Geist erkennt werden, wobei diese Art der Erkenntnis das diskursive begriffliche Erkennen weit übersteigt. Der „Ort" dieser Erkenntnis ist das innerste Herz, das auch als Auge der mystisch-metaphysischen Gotteserkenntnis oder der geistigen Gottesschau bezeichnet werden kann. Diese Schau ist das Ziel des mystischen Weges zur Einheit mit der höchsten göttlichen Wirklichkeit. Das heißt, die geistige Lehre und ihre Erkenntnis und der geistige Weg unter der Führung eines erfahrenen Meisters bilden eine unauflösbare Einheit.

Der mystische Weg nach innen ist der Weg in die Mitte des Menschen, in sein Herz. In diesem Zusammenhang muss grundsätzlich darauf hingewiesen werden, dass sowohl die breite Straße als auch der schmale Pfad zu Gott in der im Koran gegebenen göttlichen Offenbarung und ihrer vielfältigen Symbolik begründet sind. Die persischen Mystiker haben in ihren Werken auch Bilder und Symbole aus den vorislamischen persischen Überlieferungen verwendet. Alle diese Symbole können aber nicht vom diskursiven Denken erfasst werden, weil sie über dieses Denken weisen und es übersteigen. Es ist allein das Herz oder der Geist (al-ʿaql / νοῦς / intellectus), der in einem Akt unmittelbarer Erkenntnis diese jenseitigen Wahrheiten erkennen kann, die sich auf einer gleichsam überbewussten Ebene von Ursprüngen und Prinzipien befinden. Auf dieser Ebene ist der Akt der geistigen Erkenntnis eins mit dem Akt des Seins (actus essendi). Das griechische Wort Symbol (σύμβολον) leitet sich vom Verb συμβάλλειν bzw. συμβάλλεσθαι ab, die beide zusammenwerfen, zusammenfügen, sammeln und vergleichen bedeuten; und diese Verbformen weisen so auf einen Akt der Vereinigung und des Erkennens hin, der nach den Worten Platons plötzlich entsteht „wie ein Feuer, das von einem übergesprungenen Funken entfacht wurde (ἐξαίφνης, οἷον ἀπὸ πυρὸς πηδήσαντος ἐξαφθὲν φῶς, ἐν τῇ ψυχῇ

3 Frithjof Schuon, Sophia perennis, in: Gerd Klaus Kaltenbrunner (Hrsg.): Wissende, Verschwiegene, Eingeweihte. Hinführung zur Esoterik, Herderbücherei Initiative 42, Freiburg i. Br. 1981, S. 23.

γενόμενον αὐτὸ ἑαυτὸ ἤδη τρέφει)“[4]. Im Lichte dieses aufblitzenden Funkens werden alle Teilinhalte in eine lichtvolle Einheit zusammengefasst. Diese Art und Weise der symbolischen Erkenntnis gilt grundsätzlich für jede Mystik, im Besonderen aber für die christliche und islamische Mystik und Metaphysik, die sich in vielen Punkten sehr ähnlich sind.

4 Platon, Siebenter Brief, 341 cd.

Mit den Augen des Herzens sehen – Über die Symbolik der mystisch-metaphysischen Schau bei Ibn ʿArabī

أيــتُ رَبِّــي بِــعَـينِ قَلبِــي
فَــقُلتُ مَــنْ أنــــتَ؟
قَــالَ أنـــتَ

Ich sah meinen Herrn mit dem Auge meines Herzens und
sagte: „Wer bist Du?"
Er antwortete: „Du".

Ḥusain ibn Manṣūr al-Ḥallāğ[1]

Die Symbolik des Herzens ist in allen großen Religionen und Überlieferungen der Menschheit von höchster Bedeutung, denn sie verweist auf Wahrheiten, die alles begriffliche Denken weit übersteigen. Allein der Geist kann diese Wahrheiten in einer mystisch-metaphysischen Schau erfassen. Im Islam bildet die Herzsymbolik gleichsam den Kern der islamischen Religion, der als islamische Mystik (taṣawwuf oder al-'irfān) bezeichnet werden kann, wenn er sich auf das Mysterium der höchsten göttlichen Wirklichkeit bezieht[2]. Der äußere Rahmen, der diese Mitte umgibt, ist das Gesetz oder die Scharia, das heißt übersetzt: die breite Straße. Wer auf der breiten Straße zu Gott wandert, der hält sich an das Gesetz und erfüllt es. Wer aber darüber hinaus von Gott berufen wird, die höchste Wirklichkeit zu lieben und zu erkennen, der hält das Gesetz, überschreitet es aber gleichsam nach innen. Dieser Weg nach innen ist der enge schmale Pfad oder der mystische Weg (ṭarīqa) der Gottesliebe und Gotteserkenntnis. Dieser Weg nach innen ist der Weg in die Mitte des Menschen, in sein Herz. In diesem Zusammenhang muss grundsätzlich darauf hingewiesen werden, dass sowohl die breite

1 Berühmter persischer Mystiker (857-922). Der arabische Text dieses Verses und die französische Übersetzung sind in der zehnten Muqatta'a seines Diwans enthalten, vgl. LE DĪWĀN D'ĀL-HALLĀJ - édité, traduit et annoté par Louis Massignon, Paris 1955, S. 46.

2 Vgl. dazu Annemarie Schimmel, Mystische Dimensionen des Islam – Die Geschichte des Sufismus, Frankfurt am Main und Leipzig 1995.

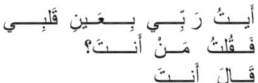

Straße als auch der schmale Pfad zu Gott in der im Koran gegebenen göttlichen Offenbarung und ihrer vielfältigen Symbolik begründet sind. Im Koran wird das Wort Herz in seinen verschiedenen Bedeutungen 132 Mal erwähnt[3]. Es bildet in seiner innersten Mitte den eigentlichen „Ort" der höchsten Gottesliebe und Gotteserkenntnis. Mit der Symbolik des Herzens ist auch die Symbolik des Auges auf das Engste verbunden. In der islamischen Mystik wird zwischen äußerem und innerem Auge unterschieden. Das äußere Auge bezieht sich auf die Sinne und äußere Erscheinungen. Das innere Auge stammt aus der geistigen Welt oder dem Himmelreich. Den Unterschied zwischen äußerer Erscheinungswelt und Himmelreich erklärt der persische Theologe und Mystiker al-Ghazālī (1058-1111)[4] auf folgende Weise: „Wisse, dass die Erscheinungswelt sich zu dem Himmelreich verhält wie die Schale zum Kern, die Form oder das Modell zum Geist, die Dunkelheit zum Licht und die Niedrigkeit zu der Erhabenheit. Deshalb wird das Himmelreich die höhere, die Geistes- oder die Lichtwelt genannt. Ihr steht die niedrige, die materielle und dunkle (Welt) gegenüber. Glaube jedoch nicht, dass wir mit der höheren Welt den Himmel meinen. Denn er steht hoch und oben im Verhältnis zur Erscheinungs- und Sinnenwelt und kann selbst vom Vieh erfahren werden. Dem Menschen aber bleibt die Tür zum Himmelreich verschlossen, und er wird nicht himmlisch sein, es sei denn, ‚dass für ihn die Erde als diese und der Himmel als dieser verwandelt wird'[5]. Sodass alles, was in den Bereich seiner Sinne und seiner Imagination fällt, einschließlich des (sichtbaren) Himmels, seine Erde sein wird, und alles, was über die Sinne hinausgeht, sein Himmel. Das ist der erste Aufstieg für denjenigen, der seine Reise [d. h. den mystischen Weg] begann, um sich der göttlichen Anwesenheit zu nähern. Denn der Mensch ist auf die tiefste der Tiefen zurückgewiesen, von da aus steigt er auf zu der höchsten Welt... Wenn der Aufstieg der Propheten die höchste Stufe erreicht und sie von dort aus in die Tiefe schauen und von oben nach unten blicken, so sehen sie in die Herzen der Menschen und erlangen einige Kenntnisse über das Verborgene. Denn wer sich im Himmel befindet, der ist auch bei Gott: ‚Er

3 Vgl. Tilman Seidensticker, Altarabisch ‚Herz' und sein Wortfeld, Wiesbaden 1992.

4 Über sein Leben und Werk vgl. Bernard Carra de Vaux, Gazali: A. H. 450 -505 / A. D. 1058-1111 (Algazel); étude sur la vie et l'oeuvre mystique, philosophique et théologique d'Abou Hamid Mohammed al-Gazali, Amsterdam 1974.

5 Koran 14, 48.

allein besitzt die Schlüssel zu dem Verborgenen"[6], d. h. von ihm werden die Gründe der Seienden in die Welt hinab gesandt; die Welt der Erscheinung ist eine der Wirkungen jener Welt, deren Verhältnis zu ihr wie das Verhältnis des Schattens zur Person, der Frucht zum Fruchtbringenden und der Wirkung zur Ursache ist"[7]. Die tiefe symbolische Bedeutung des Herzens und des inneren Auges erschließt sich in ihrem ganzen Reichtum, wenn die islamischen Mystiker den geistigen Weg beschreiben. Diese Beschreibungen enthalten Einblicke und Erkenntnisse, die beim Beschreiten des geistigen Weges gewonnen wurden. Sie bilden die mystisch-metaphysische Lehre, die mit der Methode, das heißt mit dem Weg der Verwirklichung der Lehre, eine unlösbare Einheit bildet. Aus der Fülle der islamischen Mystik und Metaphysik wird im Folgenden zunächst anhand der Lehre des persischen Mystikers und Gelehrten Abū ʿAbdallāh Muḥammad ibn ʿAlī al-Ḥakīm al-Tirmiḏi (820/830-905/930)[8] eine Übersicht über die verschiedenen Anblicke des Herzens und ihre Verbindung mit der koranischen Seelenlehre als eine kurze Einführung in die mystische Herzenssymbolik gegeben. Anschließend wird versucht, einige Grundzüge der mystisch-metaphysischen Gotteslehre oder Gottesschau des größten in Andalusien geborenen islamischen Meisters Ibn ʿArabī (1165-1240) aufzuzeigen.

Einführung: Al-Tirmiḏīs Lehre von den verschiedenen Anblicken des Herzens

Al-Tirmiḏī hat seine Lehre von den verschiedenen Anblicken des Herzens in seiner Schrift „Abhandlung über den Unterschied zwischen Brust, Herz, innerem Herzen und Herzenskern (Bayān al-farq baina aṣ-ṣadr wa-'l-qalb wa-'l-fu'ād wa-'l-lubb)"[9] dargelegt. In dieser Abhandlung unterscheidet er

---

6 Koran 6, 59.

7 Abū-Ḥāmid Muḥammad al-Ghazālī, Die Nische der Lichter – Miškāt al-anwār, Aus dem Arabischen übersetzt, mit einer Einleitung, mit Anmerkungen und Indices hrsg. von ʿAbd-Elṣamad ʿAbd-Elḥamīd Elischazlī, Hamburg, 1987, S. 16 f.

8 Über Leben und Werk von Al-Tirmiḏī siehe Bernd Radtke, Al-Ḥakīm at-Tirmiḏī – Ein islamischer Theosoph des 3. / 9. Jahrhunderts, Freiburg i. Br. 1980.

9 Al-Tirmiḏī, Bayān al-farq aṣ-ṣadr wa-'l-qalb wa-'l-fu'ād wa-'l-lubb, Amman 2009. Englische Übersetzung von Nicholas Heer: A ṢŪFĪ PSYCHOLOGICAL TREATISE. A translation oft the *Bayān al-Farq bayn al-Ṣadr wa al-Qalb wa al-Fu'ād wa al-Lubb* of

vier Ebenen, Stufen oder Stationen (maqāmāt), die als solche alle Stationen des geistigen Weges nach innen sind.

1. Die erste Station dieses Weges ist die Brust (ṣadr), die gleichsam den Vorhof zu einem Haus bildet. Die Brust ist der Sitz für das Licht des Islam. Mit Islam ist hier die äußere Form, nämlich die Scharia und ihre Gebote gemeint: Gebet, Fasten, Almosengeben usw. Die Brust ist das Gefäß oder die Quelle jenes Wissens, das den Menschen befähigt, die Gebote der Scharia einzuhalten und zu erfüllen. Dieses Wissen wird durch Lernen erworben, kann aber durch Vergesslichkeit auch wieder verloren werden.

2. Die zweite Station ist das eigentliche Herz, qalb, dass in der Brust vorhanden ist. Das Herz ist der Sitz des Lichts des Glaubens (nūr al-īmān). Glaube bedeutet hier den Glauben an die Wahrheit der göttlichen Erfahrung mit dem Herzen. Das Licht des Glaubens ist ein konstantes Licht, das nicht zunimmt oder abnimmt. Es unterscheidet sich vom Licht des Islam, das zunehmen oder abnehmen kann. Das Herz ist also der Sitz eines Wissens, das nicht erlernt werden kann und auch nicht mit dem Wissen der Brust verbunden ist.

3. Das innere Herz, fu'ād, ist das Licht der Erkenntnis (nūr-al-ma'arifa), das mit der geistigen oder mystisch-metaphysischen Schau (ru'ya) der Wirklichkeit verbunden ist. In der Tat ist ru'ya, die geistige Schau, eines der wesentlichsten Eigenschaften des inneren Herzens. Im Koran wird dieser Zusammenhang in der Sure „die Nachtreise" deutlich zum Ausdruck gebracht: „Und fuße nicht auf dem, wovon du kein Wissen hast; siehe, Gehör, Gesicht und Herz, alles wird dafür zur Rechenschaft gezogen"[10].

4. Der Kern des Herzens, lubb, schließlich ist der Ort des Lichts der Einheit (nur- al-tawḥīd), welches die Grundlage aller anderen Stufen oder Stationen bildet.

Abū ʿAbd Allāh Muḥammad ibn ʿAlī al-Ḥakīm al-Tirmidhī, in: The Muslim World, Bd. LI, 1961, S. 25-36, 82-91, 162-172, 244-258.

10 Koran 17, 36.

Jede von diesen Stationen bildet eine Stufe des geistigen Weges. So entspricht die Brust oder das Licht des Islam dem Muslim, das heißt dem gläubigen Muslim, der auf der breiten Straße der Sharia geht und ihre Gebote befolgt und erfüllt.

Das Licht des Glaubens im Herzen entspricht der Stufe des Gläubigen (mu'min), das Licht der Erkenntnis dem Erkennenden (ʿarif); und das Licht der Einung im Kern des Herzens entspricht der höchsten Stufe, der Vereinigung mit der höchsten göttlichen Wirklichkeit (muwaḥḥid).

Anschließend verbindet Tirmiḏī diese Herzenssymbolik mit der koranischen Seelenlehre. Im Koran werden folgende drei Anblicke oder Stufen der Seele unterschieden:

1. die Seele, die zum Übel aneifert (al-nafs al-ammāra bil-sū')[11],

2. die tadelnde Seele (al-nafs al-lawwāma)[12],

3. die befriedete Seele (al-nafs al-muṭma'inna)[13].

Diesen drei Stufen fügt al-Tirmiḏī noch die inspirierte Seele (al-nafs almalhama) als vierte Stufe hinzu, die im Koran nicht erwähnt wird. Diese vier Anblicke oder Stufen der Seele verbindet er mit den vier Stufen oder Stationen des geistigen Weges zum Herzen, wobei er aber zunächst feststellt, dass die Seele nicht ein Teil des Herzens ist. Die erste Seelenebene gleicht einem heißen Rauch, der die Quelle von Begierden und Leidenschaften darstellt. Wenn diese Begierden nicht beherrscht werden, dann verdunkelt der Rauch das Licht des Herzens in der Brust. Durch Disziplin kann die Seele aber beherrscht werden und die Stufen des geistigen Weges emporschreiten. Diese Seele, die zum Übel aneifert, ist eine noch undisziplinierte Seele, die dem gewöhnlichen Muslim entspricht. Die inspirierte Seele ist weniger zum Übel geneigt und entspricht der Ebene oder Stufe des Gläubigen (mu'min). Die tadelnde Seele ist die Seele des mystisch-metaphysischen Erkennenden (ʿarif) und die friedvolle Seele schließlich ist die Seele desjenigen, der sich mit der höchsten Wirklichkeit Gottes vereint (muwaḥḥid).

11 Koran 12, 53.
12 Koran 75, 1 f.
13 Koran 89, 27.

Brust (ṣadr)	Herz (qalb)	Inneres Herz (fu'ād)	Kern des Herzens (lubb)
Licht des Islam (nūr al-islām)	Licht des Glaubens (nūr al-īmān)	Licht der Erkenntnis (nūr al-ma'rifa)	Licht der Einheit (nūr al-tawḥīd)
der Muslim (muslim)	der Gläubige (mu'min)	der Gott-Erkennende (ʿārif)	der Vereinende (muwaḥḥid)
Wissen der šarī'a	Inneres Wissen von Gott	Geistige Schau	Gottes Gnade

Im letzten Abschnitt seiner „Abhandlung über den Unterschied zwischen Brust, Herz, innerem Herzen und Herzenskern", der sich auf die „Die Lichter des Herzens" bezieht, vereint Tirmiḏī die einzelnen Anblicke oder Stufen des geistigen Weges mit der koranischen Seelenlehre. Dementsprechend betrachtet er das Licht des Islam, des Glaubens, der Erkenntnis und der Einheit im Zusammenhang und vergleicht das Licht des Islam einem Berg, dessen Grund in der Brust liegt. Das Licht des Glaubens gleicht einem Berg, dessen Ort das Herz ist. Das Licht der mystisch-metaphysischen Erkenntnis wieder gleicht einem Berg, dessen Grube das innere Herz ist. Und schließlich gleicht das Licht der Einheit einem Berg, dessen Ruheplatz der innerste Kern des Herzens ist. Über dem Gipfel von jedem Berg befindet sich ein Vogel. Der Vogel auf dem Berg der Brust ist die Seele, „die zum Übel aneifert"[14]. Der Vogel auf dem Berg des Herzens ist die inspirierte Seele. Der Vogel auf dem Berg des inneren Herzens ist die tadelnde Seele und der Vogel auf Berg des Herzenskerns ist die Seele im Frieden. Die Seele, die zum Übel aneifert, fliegt in die Täler, wo Zweifel, Heuchelei und ähnliche Dinge herrschen. Im Koran heißt es dazu: „Die Seele lenkt ja hin zum Bösen, nur dann nicht, wenn mein Herr Erbarmen zeigt"[15]. Die inspirierte Seele fliegt manchmal in die Täler der Gottesfurcht und manchmal in die Täler der

14 Koran 12, 53.
15 Koran 12, 53.

Gottesferne. Im Koran heißt es: „ bei einer Seele und dem, der sie gestaltete und ihr Gottesferne und Gottesfurcht einpflanzte“[16]. Der Vogel vom Berg der mystisch-metaphysischen Erkenntnis ist die tadelnde Seele. Manchmal fliegt er in die Täler der Selbsterhöhung, Mächtigkeit, Stolz und Freude an den Segnungen Gottes. Manchmal fliegt er in die Täler der Armut, Demut, wobei er sich selber geringschätzt und in seine eigene Einsamkeit fällt. Damit tadelt die Seele sich selber. Der Vogel vom Berg des Herzenskerns hingegen versinnbildlicht die Seele im Frieden. Sie fliegt in die Täler des Friedens, der Bescheidenheit, Festigkeit in der Einheit mit Gott und im Gottesgedenken. Gott spricht im Koran: „O du befriedete Seele, kehre heim zu deinem Herrn, glücklich und zufrieden“[17] und „leichter Windhauch, duftende Kräuter und der Garten der Glückseligkeit“[18].

Ibn ʹArabī: das Herz und die mystisch-metaphysische Gotteserkenntnis

Die umfassendste und zugleich tiefste Darstellung der islamischen Mystik und Metaphysik ist Ibn ʹArabī (1165-1240) zu verdanken, der in der islamischen Welt auch als der größte Meister bezeichnet wird[19]. Gegenstand seiner Lehre sind die göttlichen Urwahrheiten oder die eine Urlehre, deren Inhalt allen echten Überlieferungen der Menschheit innewohnt. Er konnte sich dabei auf den Koran berufen, der von der einen Sendung aller Propheten an alle alten Völker spricht. Dabei zeigt er, dass diese eine Sendung – den verschiedenen Zeiten und Völkern entsprechend – nicht nur verschiedene heilige Gesetze hervorgebracht, sondern auch in verschiedenen metaphysi-

16 Koran 91, 7 f.
17 Koran 89, 27 f.
18 Koran 56, 89.
19 Ausgewählte Veröffentlichungen über sein Leben und Werk in westlichen Sprachen: Henry Corbin, L'imagination créatrice dans le Soufisme d'Ibn Arabî, Paris 1958; Toshihiko Izutsu, Sufism and Taoism - Comparative Study of Key Philosophical Concepts, Berkeley 1983; Michel Chodkiewicz, Le Sceau des saints; prophétie et sainteté dans la doctrine d'Ibn ʹArabî, Paris 1986; William C. Chittick, The Sufi Path of Knowledge, New York 1989 und The Self-Disclosure of God, New York 1998; Claude Addas, Ibn ʹArabī ou la quête du soufre rouge, Paris 1989; Stephen Hirtenstein, The Unlimited Mercifier: The Spiritual Life and Thought of Ibn Arabi, Oxford 1999.

schen Formen zum Ausdruck gekommen ist. Diese verschiedenen Formen, in denen sich die eine Urlehre kundgibt, gleichen verschiedenen Spiegeln, in denen sich der eine göttliche Lichtstrahl widerspiegelt. Diese Urlehre kann grundsätzlich vom menschlichen Geist erkennt werden, wobei diese Art der Erkenntnis das diskursive dialektische Erkennen weit übersteigt. Der „Ort" dieser Erkenntnis ist das innerste Herz, das auch als Auge der mystisch-metaphysischen Gotteserkenntnis oder der geistigen Gottesschau bezeichnet werden kann. Diese Schau ist das Ziel des mystischen Weges zur Einheit mit der höchsten göttlichen Wirklichkeit. Das heißt, die geistige Lehre und ihre Erkenntnis und der Weg mit seinen geistigen Übungen, der zu ihr führt, bilden, worauf bereits hingewiesen wurde, eine unauflösbare Einheit. Das Werk Ibn ʿArabīs stellt an alle, die ihn verstehen wollen, höchste Anforderungen. Deshalb soll er im Folgenden vor allem selber ausgiebig zu Worte kommen.

Die geistige Schau, die im Mittelpunkt von Ibn ʿArabīs Lehre und Weg steht, erfolgt, wenn der Gottsucher auf seinem Weg einen geistigen Zustand erreicht hat. Ein solcher Zustand entsteht aus der göttlichen Einwirkung auf die entsprechende geistige Bereitschaft des Herzens. Die göttliche Einwirkung zeigt sich den Menschen als göttlicher Anblick oder als göttlicher Name. Die Bereitschaft des Herzens ist, wie Ibn ʿArabī sagt, „das Verborgenste, was es gibt". Diese Bereitschaft ist zunächst nur ein Vermögen, das gleichsam nur als eine Möglichkeit vorhanden ist und das nur dann erkannt werden kann, wenn sein Gehalt verwirklicht wird, was aber allein durch die göttliche Einwirkung ausgelöst werden kann. Dementsprechend ist der geistige Zustand einerseits durch die seelische und geistige Form gekennzeichnet, die in der Bereitschaft des Herzens liegt und andrerseits durch das einwirkende göttliche Licht, das von jeglicher Form frei ist, denn die göttliche Wirklichkeit hat keine Form noch ist sie in irgendeiner anderen Weise begrenzt. Nun muss in diesem Zusammenhang aber nachdrücklich darauf hingewiesen werden, dass die geistige Form, die sich bei der geistigen Schau dem Herzen aufprägt, von Gott kommt. Sie ist somit gleichsam die Spur einer göttlichen Wahrheit oder einer göttlichen Eigenschaft. Ibn ʿArabī schreibt dazu im Kapitel Šuʿaib [Jethro] seines berühmten Werkes „Ringsteine der göttlichen Weisheit (Fuṣūṣ al-ḥikam)": „Das Herz des Gott-Erkennenden hat eine solche Weite, dass Abū Yazīd al-Bistāmī[20] von ihm gesagt hat: ‚Wenn auch der Thron Gottes und alles, was er umfasst, hundert tausend Mal tausend in einem Winkel des Herzens des Gott-Erkennenden zugegen wäre, so würde es ihn nicht fühlen'. – Und Ǧunaid[21] sagte im gleichen Sinne: ‚Wenn das Vergängliche mit dem Ewigen verbunden wird, so hinterlässt es keine Spur mehr. - So das Herz aber das Ewige erfasst, wie könnte es noch das Dasein des Vergänglichen empfinden'? – Wenn sich nun die Offenbarung Gottes von Form zu Form wandelt, so muss sich das Herz notwendigerweise den Formen gemäß, in denen die göttliche Offenbarung stattfindet, ausweiten oder zusammenziehen. Denn dem Herzen bleibt nichts von der Form, in welcher die Offenbarung stattfinden mag, vorenthalten“[22]. Zu diesen Ausführungen Ibn 'Arabīs hat der persische Gelehrte und Mystiker 'Abd al-Razzāq al-Kāšānī (gest. 1330) einen Kommentar (Šarḥ 'ala Fuṣūṣ al-ḥikam) verfasst: „Das Herz des Gott-Erkennenden wandelt sich mit Gott, ohne dass ihm eine besondere Weise noch eine irgendwie ausschließliche Empfänglichkeit eignete, im Gegensatz zu anderen Herzen. Es entspricht also, wenn es sich zu Gott von allem anderen absondert, den Offenbarungen Gottes. Welche Form Gott auch immer in seiner Offenbarung annehmen mag, das Herz gleicht sich ihr an, weitet sich aus oder zieht sich zusammen und lässt nichts davon aus. Die anderen, stofflichen Herzen aber sind umgekehrt geartet, denn einem jeden davon eignet eine bestimmte Weise, eine ausschließliche Bereitschaft, die es von andern unterscheidet, so dass die Offenbarung nur gemäß der vorhandenen Empfänglichkeit geschehen mag und Gott dic Weise und die Form annimmt, die der Weise und Form dessen, dem er sich offenbart, entspricht.

20 Abū Yazīd al-Bistāmi (803-875), berühmter persischer Sufi. Vgl. Louis Massignon, Essais sur les origines de lexique technique de la mystique musulmane, Paris 1922, S. 273-286; Helmut Ritter, Die Aussprüche des Bayezid Bistami. Eine vorläufige Skizze, in: Westöstliche Abhandlungen. Rudolf Tschudi zum 70. Geburtstag, Wiesbaden 1954, S. 231-243.

21 Abū l-Qāsim al-Ǧunaid ibn Muḥammad al-Ḫazzāz al-Qawarīrī, gest. 910, ein aus Persien stammender Vertreter der Bagdader Mystik.

22 Muhyi-d-dīn Ibn al-'Arabī al-Hātimī, Die Fassungen der Weisheit (FUSUS AL-HIKAM), Übersetzung von acht ausgewählten Kapiteln aus dem Buch „Fassungen der Weisheit“ mit Auszügen aus dem Kommentar von Sheikh 'Abd ar-Razzāq al-Qashānī und Erläuterungen von Titus Burckhardt, hrsg. mit einem Vorwort von Roland Pietsch, in: Spektrum Iran – Zeitschrift für islamisch-iranische Kultur, 21. Jg. Heft 4, 2008, S. 28. Im Folgenden abgekürzt: Ibn 'Arabī, Die Fassungen der Weisheit.

Das ist der Sinn davon, dass sich Gott am Tage der Auferstehung vor dem versammelten Volke in den Formen verwandle. Deshalb erkennt Ihn auch der Erkennende in jeglicher Form und betet Ihn an, während jener, der die Erkenntnis nicht besitzt und dessen Blick durch Glaubenssätze verschleiert ist, Ihn nicht erkennt, es sei denn, Gott offenbare sich ihm in der Form seines besonderen Glaubens, da er Ihn angesichts jeder anderen Form von Offenbarung verneint und Zuflucht bei Gott vor Gott sucht“[23].

Ibn ʼArabī vergleicht in Anspielung auf den Titel seines Buches „Ringsteine der göttlichen Weisheit“ das Herz des Gott-Erkennenden oder, was dasselbe ist, das Herz des vollkommenen Menschen mit der Fassung eines Siegelsteins am Fingerring. Die Fassung hat nämlich die gleiche Gestalt wie der Edelstein, den sie einfasst. Das ist aber das Gegenteil von dem, was die Gottsucher oder die Schar der Sufis im Auge haben, wenn sie sagen, dass sich Gott entsprechend der Bereitschaft des Knechtes offenbart. „Vielmehr ist es der Knecht, der sich Gott entsprechend der Form, in welcher ihm Gott offenbar wird, kundgibt“. Al-Kāšānī deutet diese Stelle folgendermaßen: „Das sind Gleichnisse vom Herzen des Gott-Erkennenden und ein Hinweis darauf, dass der Erkennende, dessen Herz der Ursubstanz entspricht, immer mit unbedingter Empfänglichkeit seines Herzens der unbedingten Gottheit zugewandt ist, weil die alles umfassende Einheit sein Herz beherrscht. So gleicht er sich jeglicher Form an, in welcher sich Gott ihm offenbaren mag, wie es im Gleichnis der Fassung eines Ringsteines ausgedrückt ist. Das aber, was die Schar der Eingeweihten mit der Offenbarung im Maße der Bereitschaft des Herzens im Auge haben, bezieht sich auf den Zustand jenes, dessen Herz noch dem Gesetz der Vielheit untertan und von besondern Gestalten bedingt ist. In diesem Fall erscheint die an sich einige Offenbarung in verschiedenen Formen und in der Gestalt der Geschehnisse, die das Herz überwältigen. So gibt sich der Erkennende Gott nach dem Maße der göttlichen Form kund, während sich dem nicht Erkennenden Gott in dessen Form kundgibt“[24]. Die scheinbaren Widersprüche, auf die Al-Kāšānī hier hinweist, lösen sich auf, wenn Ibn ʼArabī sogleich feststellt, dass Gott grundsätzlich zwei Weisen der Offenbarung zu eigen sind: „eine Offenbarung im Nicht-Kundgegebenen und eine Offenbarung in der Kundgebung. Durch Seine Offenbarung in der Nicht-Kundgebung teilt Er dem

23 Ibn ʼArabī: Die Fassungen der Weisheit, S. 29.

24 Ibn ʼm Arabī: Die Fassungen der Weisheit, S. 29 f.

Herzen dessen Zustand der Bereitschaft mit. Es ist das die wesentliche Offenbarung, deren Wirklichkeit in der Nicht-Kundgebung besteht und die eines ist mit der Selbstheit (al-huwiyya), die Gott als Er selbst (huwa) ist. – Er ist aber für sich selber in aller Ewigkeit das Selbst. – Wenn ihm [dem Gott-Erkennenden] nun – das heißt dem Herzen – diese Bereitschaft zuteil geworden ist, so offenbart sich ihm Gott in Seiner kundgegebenen Offenbarung im Zustand der Kundgebung, also dass es Ihn sieht. Dann erscheint es in der Form dessen, was ihm offenbart wird, wie wir es beschrieben. Gott der Erhabene gibt dem Herzen den Zustand der Bereitschaft nach Seinem Wort: ‚Er gibt jeglichem Ding Seine Beschaffenheit, dann leitet Er'[25], das heißt, dann hebt Er den Schleier zwischen sich und seinem Knecht auf, so dass Ihn dieser in der Form seines Glaubens an Gott schaut. Denn Gott ist der Inbegriff seines Glaubens, und weder das Herz noch das Auge schaut je etwas anders in Gott als die Form seines Glaubens"[26]. Über das Verhalten des Herzens im Hinblick auf die beiden Weisen der Offenbarung schreibt Al-Kāšānī in seinem Kommentar: „Aus der nicht kundgegebenen wesentlichen Offenbarung (taǧallī ḏātī) stammt die anfangslose Bereitschaft, indem die Wesenheit in der Welt der Nicht-Kundgebung die Formen der Urbestimmungen samt all den Zuständen, die jeder einzelnen Urbestimmung eigen sind, offenbart. Daher kommt die Bereitschaft, die dem Herzen bei dessen Erscheinen in der Welt der Kundgebung eignet. Die reine Nicht-Kunsgebung, die reine Urwahrheit oder die reine Selbstheit, die dem göttlichen Namen ‚Er selbst (huwa)' entspricht, ist eben diese sich in den Formen der Urbestimmungen offenbarende Wesenheit. Jeder Urbestimmung eignet ein besonderes Selbst, durch das sie selbst ist"[27]. Al-Kāšānī schreibt weiter: „Wenn nun die Urbestimmungen in der Welt der Kundgebung erscheinen und dem Herzen seine urhafte Bereitschaft zuteil wird, offenbart sich ihm Gott in seiner äußeren Offenbarung, so dass Ihn das Herz in der Form seines Glaubens schaut" [28]. Im Hinblick auf das Herz und den Glauben des Gottsuchers führt Ibn ʹArabī das überlieferte Gotteswort an: „Weder Meine Erde noch Mein Himmel sind weit genug, Mich zu

25 Koran 20, 52.
26 Ibn ʹArabī: Die Fassungen der Weisheit, S. 30.
27 Ibn ʹArabī: Die Fassungen der Weisheit, S. 30.
28 Ibn ʹArabī: Die Fassungen der Weisheit, S. 31.

erfassen, doch das Herz meines gläubigen Knechtes erfasst mich“[29]. Er will damit sagen, dass sich Gott dem Herzen des Gläubigen offenbart, damit es ihn erkenne. Und so erkennt und schaut das Auge des Herzens Gott als Inbegriff des Glaubens. Glaube bedeutet in diesem Zusammenhang das Einssein mit der göttlichen Wahrheit. Weil es aber ohne Zweifel verschiedene Arten von Glaubensweisen gibt, unterscheidet Ibn ʼArabī grundsätzlich zwischen zwei Glaubensweisen. Die erste Glaubensweise zeichnet sich dadurch aus, dass der Gläubige Gott durch eine Bestimmung sieht. Dieser Gläubige verneint Gott in allem, was außerhalb dieser Bestimmung liegt, und er bejaht Gott, wenn sich Gott ihm durch diese Bestimmung offenbart. Ein Gott-Erkennender, der Gott ohne alle Bestimmungen schaut, verneint ihn in keiner Hinsicht. Er bejaht vielmehr Gott in jeder Form, in die sich Gott verwandelt. Gott offenbart sich diesem Gott-Erkennenden ohne Ende, denn die Formen der Offenbarung kennen kein Ende, und dementsprechend hat die Erkenntnis Gottes im Erkennenden keine Grenze. Das bedeutet, dass für den Gott-Erkennenden, der Gott ohne jede Bestimmung bejaht, weder die Offenbarungen Gottes noch die ihnen entsprechenden Formen und Erkenntnisse von Seiten des Erkennenden jemals ein Ende haben. Diesen Zusammenhang bezeichnet Ibn ʼArabī als ein Ganzes, denn es ist kein Unterschied zwischen ihnen – gemäß dem Gotteswort: „Mein Knecht lässt nicht ab, sich Mir mit freiwilligen Werken zu nähern, bis dass Ich ihn liebe. Wenn Ich ihn aber liebe, bin ich sein Gehör, mit dem er hört, sein Gesicht, mit dem er sieht, seine Hand, mit der er greift und sein Fuß, mit dem er geht; wenn er Mich bittet, so gebe Ich ihm gewiss, und wenn er bei Mir Hilfe sucht, so stehe ich ihm sicher bei“. Metaphysisch ausgedrückt: „Das Wesen der sich offenbarenden Form ist das Wesen der die Offenbarung empfangenden Form. So ist Gott der sich Offenbarende und der, dem die Offenbarung gilt“[30]. Damit zeigt sich die Wirklichkeit Gottes einerseits als das Selbst und andrerseits in ihrem Verhältnis zur Welt durch die Wahrheiten ihrer Namen und Vollkommenheiten. Grundsätzlich ist Gott in seiner Wesenheit und Wahrheit einer und ohne jegliche Vielheit. Er ist ein Gott in seinem Verhältnis zur Welt und angesichts der Fülle seiner Offenbarungen gilt, dass alles eine einzige

29 Ibn ʼArabī: Die Fassungen der Weisheit, S. 32.
30 Ibn ʼArabī: Die Fassungen der Weisheit, S. 33.

Wirklichkeit ist und dass es nichts gibt außer Gott. Ibn ʿArabī hat dazu ein kurzes Gedicht verfasst:

> „Wer ist da und was ist da?
> Das eine ist des anderen Bestimmung (ʿayn).
> Wer ihn verallgemeinert, besondert ihn.
> Und wer ihn besondert, verallgemeinert ihn.
> Es gibt keine Bestimmung ohne die andere;
> Des Lichtes Urbestimmung ist die Finsternis.
> Wer dieser Wahrheit nicht achtet,
> Der findet Kummer in sich.
> Und keiner erkennt, was wir sagten,
> Außer einem Knechte Gottes, der hohen Mutes ist“[31].

Titus Burckhardt (1908-1984)[32] erklärt unter Bezug auf Al-Kāšānī dieses Gedicht und beginnt mit dem ersten Vers, der mit „wer“ und „was“ nach dem Grund der Wirklichkeit fragt. Der zweite Vers will sagen, dass die Vielheit in die Einheit aufgehoben wird. Der dritte Vers „Wer ihn verallgemeinert, besondert ihn“ bedeutet: „wer von der Urwahrheit sagt, dass sie alles in ihrer Ganzheit umfasse, kennzeichnet sie damit als Urbestimmung jedes einzelnen Wesens; ‚und wer ihn besondert‘ – indem er sagt, dass die Urwahrheit das eigenste Wesen jedes Einzelnen sei, der ‚verallgemeinert ihn‘, denn er nennt damit das allen Wesen Eigene. Wenn etwas die Urbestimmung aller Dinge ist, so ist die Urbestimmung jedes einzelnen Geschöpfs in der Urbestimmung jedes anderen Geschöpfs enthalten, und darum ist das Licht das Wesen der Dunkelheit und die Dunkelheit das Wesen des Lichts. – ‚Wer diese Wahrheit nicht achtet‘, der wird wegen des Schleiers, der ihn an der wesentlichen Erkenntnis hindert, nie frei vom Kummer werden. Doch keiner versteht diese Wahrheit, außer einem, ‚der hohen Mutes‘ ist, so dass er sich nicht mit der äußeren Schale der Dinge begnügt, sondern zu den wesentlichen Wahrheiten vordringt“[33].

31 Ibn ʿArabī: Die Fassungen der Weisheit, S. 34.

32 Titus Burckhardt war ein bedeutender Erforscher des Sufismus, der grundlegende Werke islamischer Mystiker ins Deutsche und Französische übersetzt hat.

33 Ibn ʿArabī: Die Fassungen der Weisheit, S. 34 f.

Die Verwandlungen Gottes in den Formen durch sein eigenes Sich-Wandeln in den Gestalten, von denen Ibn ʿArabī gesprochen hat, werden aber nicht vom menschlichen Verstand, das heißt vom ichhaften diskursiven Denken erfasst, sondern einzig und allen vom Herzen. Das Herz erkennt von sich aus sein Selbst. Dieses Selbst ist aber die Selbstheit Gottes als Urbestimmung der Selbstheit. „Also ist Er der Erkennende und Wissende, der in einer Form Bejahte und zugleich der nicht Erkennende und Unwissende und in einer anderen Form Verneinte. Das ist die Einsicht dessen, der Gott in Seiner Offenbarung (taǧallī) und durch unmittelbare Schau (šuhūd) in der Urbestimmung der Einung (ʿayn-al-ǧamʿ) erkennt. Diese Einsicht entspricht dem [koranischen] Wort ‚für den, der ein Herz hat‘[34], nämlich ein Herz, das sich in den Formen verwandelt“[35]. Bei dieser Einsicht handelt es sich um eine Erkenntnis, die alle Formen übersteigt und sich jenseits von ihnen ereignet. Weil diese Erkenntnis aller Formen ledig ist und mit dem reinen Sein geeint ist, kann sie auch alle Formen in ihrem jeweiligen Wesen erfassen – ohne durch irgendeine Form an der geistigen Schau behindert zu sein. Diejenigen, die ein Herz haben und sich nicht auf ihren ichhaften Verstand gründen, sind jene Gläubigen, die an der Überlieferung der Gottgesandten festhalten und die mit dem koranischen Wort gemeint sind: „‚Der das Gehör leiht und gegenwärtig (šahīd) ist‘[36], das heißt, der das Gehör den göttlichen Botschaften im Gesetz der Propheten leiht und im Sinne der vorstellungsmäßigen Gegenwart gesammelt ist, – wie es im Ausspruch des Propheten von der geistigen Tugend (iḥsān) heißt: ‚dass du Gott anbetest, als sähest du Ihn‘, und nach dem Wort, Gott sei in der Gebetsrichtung (qibla) des Betenden, weshalb der Betende gesammelt ist“[37]. Al-Kāšānī stellt in seinem Kommentar zu dieser Stelle klar, dass hier „šuhūd lediglich die vorstellungsmäßige Vergegenwärtigung bedeutet, welche sinnfällige Formen erzeugen kann, wie die körperliche Form, in welcher Gabriel zuweilen dem Propheten erschien. – Diese Ansammlung der Einbildungskraft ist mit dem Wort des Propheten gemeint: ‚dass du Gott anbetest, als sähest du Ihn‘, wobei Gott in der Form, die sich aus dem Glauben des Betenden ergibt, gesehen wird. Wenn aber die vorstellungs-

34 Koran 50, 36.

35 Ibn ʿArabī: Die Fassungen der Weisheit, S. 36.

36 Koran 50, 37.

37 Ibn ʿArabī: Die Fassungen der Weisheit, S. 36 f.

mäßige Vergegenwärtigung stark genug wird und der Zustand der Andacht den Betenden überwältigt, so verwandelt sich die vorstellungsmäßige Sammlung in die geistige Schau; und wenn der Zustand noch stärker und vollkommener wird, so verwandelt er sich in die Vereinigung der äußeren und inneren Schau; der äußerste Zustand aber ist die Schau Gottes in Seiner eigenen Wesenheit, in welcher der Schauende mit dem Geschauten eins ist“[38]. Diese geistige Schau ist die Schau des Herzens, in der sich Gott jedem seinem Glauben gemäß enthüllt – nach dem koranischen Wort: „Und es wird ihnen von Gott zuteil, was sie nicht erwartet haben“[39]. Derjenige, welcher in der geistigen Schau die alles übersteigende Erkenntnis der göttlichen Wirklichkeit verwirklicht hat, der sieht die Vielheit im Einen. So weisen die vielen göttlichen Namen, die den vielen Wahrheiten entsprechen, auf die eine und einzige Wesenheit hin. Damit handelt es sich also um eine Vielheit in einer einzigen Bestimmung. Dementsprechend gibt es in der göttlichen Offenbarung eine Vielheit der geistigen Schau in einer einzigen Urbestimmung. Ähnliches gilt für den Urstoff, der allen Formen zugrunde liegt und trotz aller Vielheit der Formen nur aus einer einzigen Substanz besteht. Was den Vergleich zwischen der Einung der Vielheit in der Wesenheit und der Einung der Vielheit in der Substanz betrifft, so ist zu beachten, dass eine spiegelbildliche Umkehrung vom einen zum anderen Teil des Vergleichs in Betracht zu ziehen ist, denn die Wesenheit wirkt die Vielheit aktiv aus, während die Substanz die Formen passiv aufnimmt. Die Erkenntnis der höchsten Wirklichkeit Gottes mit dem Herzen, die Ibn 'Arabī so eindrucksvoll beschrieben hat, ist Selbst-Erkenntnis im eigentlichen Sinne des Wortes, denn wer sich selbst erkennt, „der hat wahrhaftig seinen Herrn erkannt, der ihn nach Seiner Form erschuf und der sein Selbst und seine innere Wirklichkeit ist“[40]. Oder mit anderen Worten und ausführlicher: „Der, der sich selbst kennt, versteht, dass sein Sein nicht sein eigenes Sein ist, sondern sein Sein ist Gottes Sein, ohne dass sein Sein zu Gottes Sein wird und ohne dass sein Sein in Gott eintritt oder aus Ihm entspringt, noch dass sein Sein zugleich mit Gott oder in Ihm besteht. Aber er sieht sein Dasein in dem Zustand, in dem es war, bevor es überhaupt war. Also gib es weder Absterben noch Auslöschung noch Auslöschung der

38 Ibn 'Arabī: Die Fassungen der Weisheit, S. 37.
39 Koran 39, 48.
40 Ibn 'Arabī: Die Fassungen der Weisheit, S. 41.

Auslöschung. Denn die Auslöschung eines Dinges setzt vorerst sein unabhängiges Sein voraus, und sein unabhängiges Sein setzt voraus, das es in sich selbst bestehe und nicht durch Gottes Macht – was eindeutig absurd ist. Verstehe daher, dass des Wissenden Kenntnis seiner selbst Gottes Kenntnis Seiner Selbst ist, weil seine Seele nichts ist als Er. Und der Prophet meinte mit Seele das Sein. Und wer immer diesen Zustand erreicht, sein Sein ist nichts mehr, äußerlich oder innerlich, als Sein Sein. Nein, sein Sein ist das Sein Gottes und sein Wort das Wort das Wort Gottes und seine Tat die Tat Gottes, und sein Anspruch auf die Erkenntnis Gottes ist ein Anspruch auf die Erkenntnis seiner selbst. Aber du hörst den Anspruch als wie von ihm, und du siehst die Tat als wie von ihm, und du siehst sein Sein als wie ein anderer Gott, so wie du dich selbst als etwas anderes als Gott siehst auf Grund deiner Unkenntnis deiner selbst. Daher, wenn ‚der Gläubige der Spiegel des Geglaubten ist', ist Er in Seinem eigenen Auge, das heisst in Seiner eigenen Sicht, denn sein Auge ist das Auge Gottes und seine Sicht ist die Sicht Gottes. Und er ist nicht Er in deinem Auge oder deinem Wissen oder deinem Verständnis oder deiner Vorstellung oder deinem Denken oder deiner Sicht. Aber er ist Er in Seinem Auge und Seinem Wissen und Seiner Sicht"[41]. Nachdrücklich weist Ibn ʼArabī darauf hin, dass die Philosophie und eine Gelehrsamkeit, die sich nur auf das diskursive Denken stützt, keinen Zugang zu dieser mystisch-metaphysischen Erkenntnis finden kann: „Darum hat auch kein Gelehrter das Wesen der Seele [und des Herzens] erkannt, außer den Göttlichen unter den Gesandten und den Größten unter den Sufis; alle Denker und Forscher, die über das Wesen der Seele reden, haben nichts von ihrer Wirklichkeit erfasst, denn die gedankliche Überlegung wird es nie erfassen können. Wer die Kenntnis der Seele auf dem Weg verstandesmäßiger Überlegung sucht, der hält einen gedunsenen Balg für Fett und bläst in erloschene Asche; der gehört zu jenen, die auf dieser Rede in die Irre gehen und dabei meinen, sie vollbrächten ein Werk. Denn wer die Wirklichkeit außerhalb eines geistigen Weges zu erlangen sucht, der dringt nie zur Wahrheit vor"[42]. Ibn ʼArabī ist diesen Weg zur göttlichen Wirklichkeit und Wahrheit gegangen und hat viele Gottsuchenden auf diesen Weg geführt. Auf diesem Weg hat sich ihm die Einsicht

41 Muhyiddin Ibn ʼArabi, Wer sich selbst kennt. Aus der Abhandlung vom Sein (Risale-t-ul-wudjudiyyah), Zürich 1994, S. 33 f. Diese Übersetzung ist leicht verändert worden.

42 Ibn ʼArabī, Die Fassungen der Weisheit, S. 41.

eröffnet, dass der Gott-Erkennende, der Gott ohne alle Bestimmungen und Begrenzungen schaut, Gott in jeder Form bejaht, in die sich Gott verwandelt. Das bedeutet, wie bereits gesagt, dass sich Gott diesem Gott-Erkennenden ohne Ende offenbart, „denn die Formen der Offenbarung haben kein Ende, und dementsprechend hat die Erkenntnis Gottes im Erkennenden keine Grenze. Das bedeutet, dass für den Gott-Erkennenden, der Gott ohne jede Bestimmung bejaht, weder die Offenbarungen Gottes noch die ihnen entsprechenden Formen und Erkenntnisse von Seiten des Erkennenden jemals ein Ende haben“[43]. Diese grenzenlose Schau der göttlichen Offenbarungsformen, die den verschiedenen Glaubensweisen zugrunde liegen, hat Ibn ʿArabī auf großartige Weise in einem Gedicht zum Ausdruck gebracht, das er einer jungen Perserin mit Namen ʿAyn al-Šams wa-l Bahāʾ Niẓām in Mekka gewidmet hat.

> „Mein Herz ist offen für jede Form:
> Es ist eine Weide für Gazellen,
> Ein Kloster für christliche Mönche,
> Ein Götzentempel, die Kaaba des Pilgers,
> die Tafeln der Torah und das Buch des Korans.
> Ich übe die Religion der Liebe (dīn al-hubb).
> In welche Richtung immer die Karawane zieht,
> die Religion der Liebe wird meine Religion
> und mein Glaube (īmān) sein“[44].

Ibn ʿArabī war aufgrund seiner Gottesschau imstande, im Grund aller Offenbarungs- und Weisheitsformen die transzendente Einheit der Religionen zu finden und zu erkennen; und damit erweist er sich als einer der bedeutendsten Vertreter der Sophia Perennis, das heißt, der einen anfangslosen in allen Weisheitsformen sich gleichbleibende Metaphysik oder Urlehre. Diese Metaphysik oder Urlehre bezieht sich auf Wahrheiten, „die dem menschlichen Geist angeboren sind, die jedoch in der Tiefe des ‚Herzens‘ – im reinen Intellekt gewissermaßen vergraben und nur dem geistig Schauenden zugänglich sind; und dies sind die metaphysischen

43 Ibn ʿArabī: Die Fassungen der Weisheit, S. 33.

44 Ibn ʿArabī, Tarǧumān al-ašwāq (Deuter der Sehnsüchte), hrsg. von Reynold A. Nicholson, London 1911, Reprint 1987, S. 19 und 67.

Grundwahrheiten"[45]. Die wichtigste Grundwahrheit ist das Unbedingte, das höchste Eine, das zugleich das unbedingte Gute ist. In dieser unbedingten Wirklichkeit des Einen gründet die Lehre und Methode Ibn ʿArabīs, deren höchstes Ziel darin besteht, die Menschen in das Licht der göttlichen Einheit zu führen. In der Wirklichkeit dieses göttlichen Lichts, das zugleich die Wirklichkeit des göttlichen Seins oder Über-Seins ist, vollendet sich der Sinn des menschlichen Lebens.

45 Frithjof Schuon, Sophia perennis, in: Gerd Klaus Kaltenbrunner (Hrsg.): Wissende, Verschwiegene, Eingeweihte. Hinführung zur Esoterik, Herderbücherei Initiative 42, Freiburg i. Br. 1981, S. 23.

Die Licht- und Farbensymbolik des geistigen Weges bei Nağm al-Dīn Kubrā

Das Sufitum (taṣawwuf oder ʿirfān), das auch als islamische Mystik bezeichnet werden kann, bildet die Mitte oder den innwendigen Kern des Islam - und ist zugleich der geistige Weg (ṭarīqa) zur unmittelbaren Schau und Vereinigung mit der absoluten Wirklichkeit (al-ḥaqq) Gottes. Dieser Weg, der unter der Führung eines geistigen Meisters beschritten wird, schließt somit die Verwirklichung der metaphysischen Lehre von der absoluten Wirklichkeit Gottes ein und übersteigt somit weit die äußeren und gesetzlichen Formen des Islam.

Bei der Darstellung der metaphysischen Lehren und Methoden bedienen sich die Sufi-Meister einer Fülle von Symbolen, weil allein sie geeignet sind, auf die übergedanklichen metaphysischen Wahrheiten und Stufen des geistigen Weges hinzuweisen. Licht- und Farbsymbole werden in der Geschichte des Sufitums offensichtlich zum ersten Mal von dem zentralasiatischen Sufi-Meister Nağm al-Dīn Kubrā verwendet[1]. Die nachfolgende kurze Darstellung der Licht- und Farbsymbolik des geistigen Weges Nağm al-Dīn Kubrās stützt sich vor allem auf sein Hauptwerk „*Die Kundgebungen der Schönheit und die Düfte der göttlichen Majestät (Fawāʾiḥ al-ğamāl wa-fawātiḥ al-ğalāl*“ oder „*Fawātiḥ al-ğamāl wa fawāʾiḥ al-ğalāl*“[2], in

1 Ohne Zweifel gab es aber auch schon vorher immer wieder zahlreiche Licht- und Farberscheinungen im Sufitum. Vgl. dazu: Heinrich Leberecht Fleischer, Über die farbigen Lichterscheinungen der Sufis, in: Zeitschrift der Deutschen Morgenländischen Gesellschaft, Bd. 16, 1862, S. 235-241.

2 Dieses Werk hat der Basler Islamwissenschaftler Fritz Meier (1912-1998) im Jahr 1957 in arabischer Sprache herausgegeben: Die Fawāʾih al-ğamāl wa-fawātih al-ğalāl des Nağm ad-Dīn al-Kubrā. Eine Darstellung mystischer Erfahrungen im Islam aus der Zeit um 1200 n. Chr., hrsg. und erläutert von Fritz Meier, Wiesbaden 1957. Dieses Werk, das unter verschiedenen Titel überliefert wurde, wird im Folgenden abgekürzt: Fritz Meier, Fawāʾih. Der arabische Text ist in 189 Paragraphen eingeteilt. Die deutschen Übersetzungen dieses Textes werden mit dem entsprechenden Paragraphen des arabischen Textes zitiert. Französische Übersetzung: Najm al-Dîn Kubrâ, Les éclosions de la beauté et les parfumes de la majesté. Traduit de l'arabe et présenté par Paul Ballanfat, Nîmes 2001.

dem er seine vielfältigen geistigen Erfahrungen für seine Freunde und Schüler aufgezeichnet hat. Zuvor wird ein kurzer Überblick über sein Leben und Werk gegeben.

1. Leben und Werk von Nağm al-Dīn Kubrā

Nağm al-Dīn Kubrā, dessen voller Name Abū'l-Ğannāb Ahmad b. 'Umar b. Muh. b. 'Abdillah al-sūfī al-Khīwaqī al-Khwārazmī lautet, wurde Im Jahr 1145/46 (540 H.) in der an der alten Seidenstraße gelegenen Oasenstadt Khiwa (im heutigen Usbekistan) geboren. Er studierte zuerst in seiner Geburtsstadt Koran- und Hadith-Wissenschaft sowie islamische Rechtswissenschaft und setzte diese Studien dann in Nischapur, Hamadan, Isfahan, Mekka und Alexandrien fort. Im Alter von 35 Jahren erfolgte während seiner Rückkehr aus Alexandrien seine Einweihung in den mystischen Weg. Die Nachrichten darüber sind widersprüchlich. Mit Sicherheit kann aber gesagt werden, dass er in Dizfūl von Scheich Ismā'īl Qasrī in den sufischen Weg eingeweiht wurde. Der Scheich schickte ihn aber bald zu 'Ammār al-Bidlīsī, der ein Schüler von Abū'l-Nağīb al-Suhrawardī, gest. 1168 (563 H.), war. Aber auch 'Ammār al-Bidlīsī schickte ihn nach einer bestimmten Zeit weiter nach Alexandrien zu Rūzbihān Kāzarūnī Misrī, der ihn offensichtlich so schätzte, dass er ihm seine Tochter zur Frau gab, die zwei Söhne gebar. Nachdem Kubrā die entsprechende sufische Ausbildung erhalten hatte, kehrte er zu seinem ersten Meister Ismā'īl Qasrī zurück, vollendete bei ihm seine sufische Ausbildung und erhielt die Erlaubnis (ijāzat), den sufischen Weg zu lehren. Kubrā begab sich dann nach Alexandrien, wo ihn Rūzbihān mit den Worten empfing: „Unser Nağm ud-dīn ging als Sperling und kam zurück als Königsfalke. Der Stern (nağm) ging und ward zur Sonne"[3]. Danach reiste Kubrā mit seiner Familie wieder in seine Heimat Khwārazm zurück, wo sich zahlreiche Schüler um ihn sammelten und eine Bruderschaft bildeten, die nach ihrem Gründer Kubrawiyya genannt

Vgl. dazu: Henry Corbin: Die smaragdene Vision – Der Licht-Mensch im persischen Sufismus. Aus dem Französischen übertragen und hrsg. von Annemarie Schimmel, München 1989.

3 Fritz Meier, Fawā'ih, S. 25.

wurde⁴. Dieser Orden widmete sich u. a. auch der Bekehrung der Mongolen, die den Iran, Transoxanien und Khurāsān bedrohten. Nağm al-Dīn Kubrā starb 1221 (618 H.) beim Mongoleneinfall in Khwārazm. Sein Grab befindet sich in Alt-Urgenč (im heutigen Turkmenistan). Nach seinem Tod breitete sich der Kubrawiyya-Orden von Zentralasien weiter nach Anatolien, Indien und Persien aus. Große Bedeutung erlangte Nağm-al-Dīn Dāya Rāzī (1177-1256), der noch vor dem Einfall der Mongolen aus Zentralasien nach Anatolien gewandert war, wo er sich in der Stadt Siva niederließ und dort sein berühmtes Werk „Der Weg der Diener Gottes vom Ursprung bis zur Rückkehr (Mirṣād al-'ibād min al-mabda'ilāl-ma'ād)" verfasst und dem seldjukischen Herrscher von Konya gewidmet hat. Zur gleichen Zeit hatte auch Ğalāl al-Dīn Rūmī (1207-1273) mit seiner Familie Zuflucht in Konya gefunden. In Persien wirkte neben anderen bedeutenden Kubrawiyya-Sufi-Meistern 'Alā' - al-Dawla-Semnānī (1261-1336), der die Licht- und Farbsymbolik Kubrās in erweiterter Form erheblich entfaltet und verändert hat⁵.

Von Nağm-al-Dīn Kubrā sind folgende Werke in arabischer und persischer Sprache überliefert:

Werke in arabischer Sprache:

1. *'Ayn al-ḥayāh*. Ein Korankommentar bis zur Sure 51, 48.
2. *Al-uṣūl al-'ašara*. Eine Abhandlung über den kürzesten Weg zu Gott.
3. *Risāla*, eine titellose Abhandlung von großem Umfang.
4. *Risāla ila 'l-hā'im al-hā'if min lawmat al-lā'im at-tālib bi-qalbih al-ḥārib biqālibih*. Eine Abhandlung über den geistigen Weg.
5. *āla fī's-sulūk*. Eine weitere Abhandlung über den geistigen Weg.
6. *Fawā'iḥ al-ğamāl wa-fawātiḥ al-ğalāl*. Dieses Werk ist unter verschiedenen Titeln überliefert worden, so z. B. auch als *Fawātiḥ al-ğamāl wa fawā'iḥ al-ğalāl* (Kundgebungen der Schönheit und der Düfte der göttlichen Majestät).

---

4 Zur Geschichte des Kubrawiyya-Ordens vgl. J. Spencer Tirmingham: The Sufi Orders in Islam, Oxford 1998, S. 55-58.
5 Vgl. Hartwig Cordt, Die Sitzungen des 'Alā'ad-dawla as-Simnānī, Zürich 1988; Jamal J. Elias, The Throne Carrier of God – The Life and Thought of 'Alā' ad-dawla as-Simnānī, Albany 1995.

Werke in persischer Sprache:

1. *Risālat us-sā`ir il-hā`ir il-wajīd ila`s-sātir il-wāhid il-mājid*. Eine vereinfachte Fassung von *Risāla ila `l-hāìm*.
2. *Adāb ul-murīdīn*. Verhaltensregeln für Gottsucher.
3. Ein titelloses kleines Werk über die Zucht der niederen Seele, Speise- und Kleider-Vorschriften, den geistigen Kampf und die Anrufung.[6]

2. Licht- und Farbsymbole in der Lehre und Methode Nağm al-Dīn Kubrās

Ausgangspunkt von Nağm al-Dīn Kubrās Darstellungen des geistigen Weges in „*Kundgebungen der Schönheit und Düfte der göttlichen Majestät* (*Fawā`ih al-jamāl wa –fawātih al-jalā“l* oder „*Fawātih al-jamāl wa fawā`ih al jalāl)*“ ist die grundsätzliche Feststellung „dass das Ziel der geistigen Suche (mūrad) Gott ist, und der Suchende (murīd) ein Licht ist, das von Ihm <Gott> gekommen ist“.[7] Das bedeutet, dass die geistige Suche zugleich eine Rückkehr zum göttlichen Ursprung ist. Mit anderen Worten: Das Licht, das der Suchende von Gott erhalten hat und in sich trägt, wird mit dem Licht, das Gott selbst ist, wiedervereinigt. Das Licht im Menschen oder der innere Licht-Mensch ist aber durch dunkle Schleier verhüllt und in ihnen gefangen. Grundvoraussetzung für eine Rückkehr des Licht-Menschen zum göttlichen Ur-Licht ist seine Befreiung von den finsteren Schleiern, die sich nicht außerhalb des Menschen, sondern in ihm selbst befinden und sein wahres Licht-Wesen verhüllen. Bei der Rückkehr zum göttlichen Ursprung kann der gottsuchende Mensch in seinem Inneren Licht- und Farberscheinungen sehen, die die Stufen des Aufstiegs symbolisieren. Dabei handelt es sich nicht um körperliche Wahrnehmungen, sondern „um etwas, das der Wahrnehmung einer Aura zugehört. Es gibt sicher Verwandtschaft und Übereinstimmung zwischen physischen Farben und aurischen (oder auralen, auroralen) Farben in dem Sinne, dass auch die physischen Farben eine sittliche und geistige Qualität besitzen, mit der das, was die Aura aus-

6 Eine ausführliche Beschreibung von Nağm al-Dīns Werken findet sich in Fritz Meier, Fawā'ih, S. 47-51.

7 Fritz Meier, Fawā'ih, § 1.

drückt und dem sie ‚als Symbol dient', übereinstimmt. Es ist eben diese Übereinstimmung, dieser Symbolismus, der es einem geistigen Meister erlaubt, ein Kontrollmittel zu besitzen, durch das er diese über-sinnliche Wahrnehmung von dem unterscheiden kann, was wir heutzutage ‚Halluzinationen' nennen"[8]. Naǧm al-Dīn Kubrā fordert deshalb seinen Schüler und Freund auf: „Schließe die Lider und betrachte, was du siehst. Wenn du mir sagst, ‚Ich sehe nichts', so irrst du. Du kannst sehr gut sehen, aber unglücklicherweise ist die Finsternis deiner Natur dir so nahe, dass sie deinen inneren Blick verstellt, so dass du sie nicht erkennst. Wenn du sie erkennen und vor dir sehen möchtest, immer mit geschlossenen Lidern, dann beginne damit, etwas von deiner Natur zu entfernen oder zu vermindern. Aber der Pfad, der zu diesem Ziel führt, ist der geistige Kampf, und die Bedeutung des geistigen Kampfes ist, sich ganz und gar darauf zu verlegen, die Feinde zurückzustoßen oder zu töten. Die Feinde sind hier die Natur (tabī'a), die niedere Seele (nafs) und der Dämon"[9] oder der Satan (iblīs, šaiṭān). Zunächst gilt es, diese Feinde oder Hindernisse und ihre Erscheinungsformen gleich am Anfang des Weges wahrzunehmen.

2. 1. Feinde und Hindernisse auf dem geistigen Weg

Die innere und geistige Wahrnehmung der drei Feinde und Hindernisse setzt die durchleuchtende Kraft des inneren Lichts oder des Licht-Menschen voraus. Mit diesem Licht werden die dunklen Schleier oder Schichten, die das innere Licht des Menschen verbergen und gefangen halten, stufenweise durchdrungen und verwandelt. Die Feinde oder Hindernisse sind die geschaffene Natur oder das Dasein, die niedere Seele und der Satan.

2. 1. 1. Die geschaffene Natur oder das Dasein

Die geschaffene Natur oder das natürliche Dasein ist aus vier Grundelementen zusammengesetzt, die alle „Finsternisse, die einen über den anderen"[10] sind, nämlich Erde, Wasser, Feuer und Luft. Unter diesen Finsternissen liegt der Mensch begraben, und diese finsteren Schichten verhindern, dass sich das Licht im Menschen oder der Licht-Mensch mit dem göttlichen Licht wieder vereint. Dem Gottsucher erscheint diese Natur oder dieses Da-

8 Henri Corbin, Die smaragdene Vision, München 1989, S. 87 f.
9 Fritz Meier, Fawā'ih, § 2.
10 Koran 24, 40.

sein zuerst als eine dichte Finsternis oder auch als ein Brunnenschacht (qalīb), dessen Tiefe alles übertrifft, was wahrgenommen werden kann.

2. 1. 2. Die Seele

Der zweite Feind oder das zweite Hindernis auf dem Weg zur Vereinigung mit dem göttlichen Licht ist die Seele (nafs) oder genauer, die befehlende Seele, die zum Bösen geneigt ist (al-nafs al-ammāra bil-sū').[11] Damit ist das niedere Ich des Menschen gemeint, das ihn zum Genuss treibt. Dieses niedere Ich beherrscht und unterdrückt den ganzen inneren Menschen mit Hilfe des Tiergeistes, der Fleischlichkeit, der Natur, der Lust und dem Trieb. Dieses Ich oder diese niedere Seele gleicht einer Viper, die, selbst wenn sie getötet wurde, immer wieder zum Leben erwacht. Wenn diese Seele „von den Flammen der Leidenschaft und des Triebes und von den Flammen der Bosheit berührt wird, bewegt sie sich in gleicher Weise. Sie hört nicht auf, den Gliedern des Leibes ununterbrochen Schaden zuzufügen und verlangt von ihnen Kraft und Nahrung, bis sie sich wieder erheben kann".[12] Dem Gottsuchenden erscheint die niedere Seele am Anfang blau wie der Himmel, und sie sprudelt wie eine Quelle. Wenn sie der Sitz des Satans ist, dann erscheint sie wie eine Quelle aus Finsternis und Feuer, die nur schwach sprudelt und die Natur bewässert. Naǧm al-Dīn Kubrā beschreibt sie auch als einen großen schwarzen Kreis, der aufgeht und wieder verschwindet, dann aber wieder als eine schwarze Regenwolke aufsteigt.[13]

2. 1. 3. Satan

Der dritte Feind des Menschen ist Satan, der die Menschen mit allen Mitteln vom Weg zu Gott abzubringen versucht. Satan wirkt solange auf die niedere Seele ein und täuscht und verführt sie, bis sich diese mit ihm verbündet. „Alle Listen des Satans aber versagen, wenn sich der Mensch um Aufrichtigkeit (iḫlāṣ) bemüht, die für den geistigen Weg eine der wichtigsten Voraussetzungen ist. Am Anfang des geistigen Weges erscheint Satan als unreines Feuer, vermischt mit den Finsternissen des Unglaubens, oder er

---

11 Koran 12, 53.

12 Fritz Meier, Fawā'ih, § 164.

13 Vgl.Fritz Meier, Fawā'ih, 55.

nimmt die Gestalt eines großen Schwarzen mit furchtbarem Aussehen an, der in den Menschen einzudringen versucht“.[14]

2. 2. Der geistige Kampf

Diese drei Gegner oder Hindernisse gilt es, im geistigen Kampf zu besiegen und umzuwandeln. Ihre Verwandlung zeigt sich an den Veränderungen der Lichter und Farben. Der eigentliche Beweggrund für den geistigen Kampf und die Verwandlung der drei Gegner ist der Lichtfunken im Menschen oder der innere Licht-Mensch selbst. Das entscheidende Kampfmittel aber ist das Gottesgedenken oder die Anrufung (ḏikr) des Heiligen Namens Gottes, auf die im Koran häufig hingewiesen wird: „Und gedenke des Namens deines Herrn und weihe dich Ihm in ganzer Weihe“[15], „...siehe das Gebet (salāt) hütet vor Schandbarem und schwerer Sünde, aber wahrlich das Gottesgedenken ist größer (wa la ḏikru `Llāhi akbar)...“[16], „...wahrlich die Herzen finden Ruhe im Gottesgedenken (ḏikr)“[17], „Gedenket Meiner und Ich werde eurer gedenken...“[18]. Für die Anrufung empfiehlt Najm al-Dîn Kubrā nachdrücklich den ersten Teil des islamischen Glaubensbekenntnisses (šahâda): „Es gibt keine Gottheit außer Gott (Lā ilāha illā `Llāh)“ oder „Es gibt keine Wirklichkeit außer der (einen absoluten) Wirklichkeit“. Kubrās Schüler Naǧm al-Dīn Dāya Rāzī berichtet, dass die Anrufung so zu sprechen sei, dass „das lā ilāha aus dem Nabelgrund hervorbricht und das illā `Llāh in das Herz hinunter stößt. Dies muss so kräftig geschehen, dass die Wirkung und die Kraft des Gottesgedenkens in alle Glieder (und Organe) dringt, und darf nie abreißen. Die Stimme ist dabei möglichst zu dämpfen. Dafür muss er im Herzen den Sinn der Formel bedenken“.[19] Mit dem ersten Teil der Anrufung „Es gibt keine Gottheit“ verneint der Anrufende alle Störungen von innen und von außen, und mit dem zweiten Teil „außer Gott“ bejaht er das wahre Ziel seiner Anrufung: den einen Gott. Mit diesen beiden Anblicken der Anrufung werden allmählich alle Hindernisse aufgelöst und verwandelt, die die Vereinigung des Licht-Menschen mit

14 Fritz Meier, Fawā'ih, 7.
15 Koran 73, 41.
16 Koran 29, 45.
17 Koran 13, 28.
18 Koran 2, 152.
19 Fritz Meier, S. 203.

dem göttlichen Ur-Licht verhindern. Kubrā vergleicht die Anrufung mit einem Feuer, das in ein Haus eindringt und daraus alle Finsternis vertreibt.[20] Dieses Feuer ist im Gegensatz zum finsteren Feuer des Satans ein lichtvolles Feuer, dessen Anblick die Gottsucher mit großer Freude erfüllt. Kubrā unterscheidet drei Stufen der Anrufung, die sich auf die drei Gegner oder Hindernisse des geistigen Weges beziehen und diese verwandeln.

2. 2. 1. Die erste Stufe der Anrufung

Die Anrufung auf der ersten Stufe wirkt auf die geschaffene Natur oder das Dasein wie eine Wasserflut, in der die Natur mit ihrer Finsternis versinkt und verwandelt wird. Aus der schwarzen Regenwolke wird eine weiße Kumuluswolke, und der Brunnenschacht, der dem Anfänger zunächst über dem Kopf erschienen ist, erscheint ihm nun aufgrund der Anrufung gegenüber dem Gesicht und schließlich unter ihm. Mit anderen Worten: Der Anfänger steigt aus dem Brunnenschacht stufenweise auf und am Grunde des Brunnenschachts, dessen Tiefe alles übertrifft, was wahrgenommen werden kann, leuchtet ein grünes Licht und zeigt „das Ende der geschaffenen Natur oder des natürlichen Daseins und den Anfang der Unerschaffenheit“[21] an. Nachdem die Natur von ihren dunklen Hüllen befreit ist, hört der Anrufende seine eigene Natur. Der Grund dafür liegt in der Zusammengesetztheit des Menschen aus vielen verschiedenen Substanzen, aus den vier Elementen, aus der Erde, dem Himmel und den Zwischenbereichen. Das, was der Anrufende hört, sind die Anrufungen aller dieser verschiedenen Substanzen und Urstoffe; und wer diese Anrufungen hört, „der preist und heiligt Gott mit allen Zungen. Das gehört zu den Bedingungen des geistigen Weges, und diese Versenkung ist die Folge der kraftvollen Anrufung mit der Zunge“.[22]

Um den Übergang zur zweiten Stufe der Anrufung, die sich im Wesentlichen auf den höchsten Anblick der Seele, nämlich auf das Herz bezieht, zu verstehen, sollen zunächst alle Anblicke der Seele dargestellt werden. Der erste Anblick der Seele ist die niedere oder befehlende Seele (al-nafs al-ammâra),[23] von der bereits die Rede war. Durch die Anrufung erscheint

20 Vgl. Fritz Meier, Fawā'ih, 8 und 9.

21 Fritz Meier, Fawā'ih, 163.

22 Fritz Meier, Fawā'ih, 48.

23 Koran 12, 53.

dann in ihr das Licht wie in einer dunklen Wohnung und der zweite Anblick der Seele kommt zum Vorschein, die tadelnde Seele (al-nafs-al-lawwâma).[24] Auf dieser Stufe bemerkt die Seele, dass ihre Wohnung mit Kehricht und verschiedenen Tieren angefüllt ist und sie bemüht sich, diese hinauszuwerfen. Den Aufstieg von der niederen Seele zur Stufe der tadelnden Seele hat Kubrâ auch als Verwandlung der Farben beschrieben: „Wisse, dass die niedere Seele ein Zeichen bringt, das der geistigen Schau erlaubt, sie wieder zu erkennen: das ist ein großer Kreis, der sich vor dir erhebt, ganz schwarz, als sei er aus Pech. Dann verschwindet er. Später erhebt er sich vor dir, als sei es eine schwarze Wolke, doch wenn sie aufsteigt, enthüllt sich an ihren Rändern immer stärker etwas, das dem Neumond ähnelt, wenn eine seiner Spitzen durch die Wolken schimmert. Ganz allmählich wird das ein vollständiger Halbmond. Wenn (die Seele) sich ihrer selbst so weit bewusst geworden ist, dass sie sich selbst tadelt, dann erhebt sie sich auf der Seite der rechten Wange in Gestalt einer rötlichen Sonne, deren Wärme man auf der Wange spüren kann. Bald wird sie neben dem Ohr sichtbar, bald der Stirn gegenüber, bald über dem Kopf. Und diese tadelnde Seele, das ist der Intellekt (ʹaql)".[25] In dieser geistigen Schau der tadelnden Seele bereitet sich der Anblick der Seele im Frieden (al-nafs al-mutmaʾinna)[26] vor. Ebenso wie die tadelnde Seele oder der Intellekt ein Zeichen für die geistige Schau bringt, so auch die Seele im Frieden: „Bald erhebt sie sich vor dir wie der Umkreis einer großen Quelle, aus der Lichter ausstrahlen, bald erblickst du sie im Über-Sinnlichen, dem Kreise deines Gesichtes entsprechend, als Licht-Umkreis, flüssige Scheibe, ähnlich einem vollkommen polierten Spiegel. Es kommt vor, dass dieser Kreis zu deinem Gesicht aufzusteigen scheint und diese darin verschwindet. Dein Gesicht wird also selbst die Seele im Frieden. Bald erblickst du den Kreis fern von dir im Über-Sinnlichen. So gibt es zwischen dir und dem Kreise der Seele im Frieden tausend Etappen; wenn du dich einer nähertest, würdest du verbrannt".[27]

Die Seele im Frieden entspricht dem Herzen (qalb). Für Kubrā ist das Herz ein Organ der Mitte, weil es zwischen der Natur und den geistigen Inhalten liegt. Deshalb können in ihm auch die Gegensätze wechseln. Das

---

24 Koran 75, 2.

25 Fritz Meier, Fawā'ih, 55.

26 Koran 27, 89.

27 Fawâ'ih, 56.

Herz ist dementsprechend veränderlich: „Wisse, das Feinstoffwesen, das das Herz ist, wechselt (tataqallabu), weil es eben ein Feinstoffwesen ist, von einem Zustand in den andern, gleich wie sich das Wasser je nach dem Gefäß und der Himmel nach dem Berge, dem Berge Qāf, färbt. So heißt es Herz (qalb) wegen seiner Veränderlichkeit (inqilāb) [...] Das Herz ist feinstofflich und nimmt das Gegenbild der Dinge und (geistigen) Inhalte auf, die es umkreisen. Die Farbe des Dinges, das dem Feinstoffwechsel (des Herzens) gegenüberzustehen kommt, bildet sich auf ihm ab, gleich wie sich die Formen in einem Spiegel oder im klaren Wasser abbilden".[28] Darüber hinaus wird das Herz mit einem „Licht in der Tiefe des Schachtes der Natur (fī qalb qalīb al-wuǧūd)" verglichen, „gleich dem Lichte Josephs in der Grube".[29] Dieses Herz ist der „Ort" des Gottesgedenkens oder der Anrufung, „die nicht aufhört zu flammen. Seine Lichter verschwinden nicht mehr. Du siehst unaufhörlich Lichter, die hinaufsteigen, und Lichter, die hinabsteigen. Das Flammen ist überall um dich herum, in ganz reinen, ganz heißen, ganz glühenden Flammen".[30]

2. 2. 2. Die zweite Stufe der Anrufung

Auf der zweiten Stufe der Anrufung versinkt die Anrufung selbst in das Herz des Menschen.

Den Übergang oder Durchbruch zu dieser Stufe der Anrufung schildert Kubrā in einer Reihe von geistigen Erfahrungen und Schauungen: „Die Anrufung öffnet eine Pforte an den Schläfen des Kopfes, in Form eines Loches, wie ein Kreis. Dann steigt von oben Finsternis, nachher Feuer und schließlich Grün herab. Das ist die Finsternis der Natur, das Feuer der Anrufung und das Grün des Herzens. Die Pforte öffnet sich zuerst oben am Kopf, weil die Anrufung ein gutes Wort ist, das, seinem Wesen entsprechend, dort hinaufsteigt. Auch die Richtung der ‚Person' (huwiyya) ist oben, die Schläfe des Kopfes. Deshalb steigt das gute Wort dort empor, und Gott vergilt ihm mit Huld und Barmherzigkeit, nämlich mit Geistanwandlungen und göttlichen Lichtern. Er erfüllt ihn von Kopf bis Fuß mit Sicherheit, Glauben, Wünschen, Verlangen, Liebe, Gewissheit, Gewissenhaftigkeit und Erkennen. Der Anrufende wird davon erfüllt, wobei sich sein Herz aufzutun und

---

28 Fawâ'ih, 16. Vgl. Fritz Meier, S. 168 f.

29 Fawâ'ih, 16. Vgl. Koran 12, 10 und 15.

30 Fawâ'ih, 51.

nach dem Herrn zu verlangen beginnt, wenn es gesund ist. Die Anrufung versinkt jetzt ins Herz, nicht um dort zunichte zu werden, sondern in der Art eines Hineinfallens. Das Herz wird dann als ein Schacht und die Anrufung als ein Eimer, der hinunterfällt und Wasser heraufholt, empfunden. Zugleich werden die Glieder (und Organe) von einem Fliegen und von ungewohnten zwanghaften Bewegungen wie beim Zittern befallen, und jedes Mal, wenn man von der Anrufung ablässt, bewegen sich einem das Herz in der Brust wie ein Kind im Mutterleib, indem es nach der Anrufung verlangt; denn das Herz ist wie Jesus, der Sohn der Maria, und die Anrufung seine Milch. Ist es stark und groß geworden, so entringen sich ihm Sehnsuchtsseufzer nach Gott, Laute und zwanghaftes Aufschreien, aus lauter Verlangen nach der Anrufung und ihrem Gegenstand, auch wenn der Mensch selber gegenüber der Anrufung und seinem Gegenstand gleichgültig ist. Die Anrufung des Herzens gleicht einem Bienensummen, nicht laut, nicht störend, aber auch nicht ganz leise".[31] Und an einer anderen Stelle schreibt Kubrā: „Beginnt man mit der Anrufung und gerät die Anrufung in das Herz, dann öffnet sich das innere Auge und hat man sich in der Klausur wohl fühlen gelernt, verlässt man die Klausur nur noch bei Notwendigkeit und kehrt dann sofort wieder zurück, um die Anrufung von neuem aufzunehmen, so fallen jedes Mal die Heere der Anrufung über einen her wie ein Heuschreckenschwarm, mit einem Summen wie von Bienen, und zwar überfallen sie einen von hinten und umbranden einen wie Feuer das Holz. Man mag nachts die Zelle verlassen und über Wüstenland wandern, so sieht man sie rechts und links, soweit das Auge reicht, und kommt sich im Herzen wie ein Fürst vor. Manchmal überfallen einen nachts außerhalb der Klausurzelle die mystischen Anwandlungen, so dass die leblosen Dinge (der Materie) vor einem verschwinden und man nur noch Glas in Glas sieht. Das ist der äußerste Grad der Reinheit der Natur oder des Daseins, dass sie glasfarben wird. Hinter ihr sieht man dann die Sonne des Geistes".[32]

2. 2. 3. Die dritte Stufe der Anrufung

Die dritte Stufe der Anrufung gründet sich auf die dem Herzen nächst höheren Wesensteile des Menschen, nämlich auf den Geist (ruh) und vor allem auf das Geheimnis (sirr). Geist ist für Kubrā die Verbindung zwischen

---

31 Fawâ'ih, 49.

32 Fawâ'ih, 116. Fritz Meier, S. 211.

Gott und der Schöpfung oder zwischen dem Schöpfergott und dem Geschaffenen. In diesem Sinne versteht er auch das Wort des Korans: „Der Geist ist ein Befehl (amr) meines Herrn".[33] Der eigene Geist kann – wie das Herz – dem Gottsuchenden in einer geistigen Schau als Sonne[34] erscheinen. Der Geist ist aber auch ein himmlisches Feinstoffwesen: „Es erreicht den Himmel und der Himmel versinkt in ihm, ja Himmel und Geist sind eins. Und dieser Geist fliegt immer weiter, wird immer größer und höher, bis er eine Höhe gewinnt, die über die Höhe des Himmels hinausragt, und er den Himmel übersteigt."[35]

Auf den Geist folgt als dritter höherer Wesensteil des Menschen das Geheimnis, das von Kubrâ „unter dem Anblick der Einheit des menschlichen Inneren, als eine Eigenschaft, nämlich die Eigenschaft der Gottesnähe, oder, unter dem Anblick der Vielheit, als ein besonderes, im Geiste innen wohnendes Wesen oder Wesensglied vorgestellt wird."[36] Das Geheimnis ist für ihn aber auch der innere Ort, in dem sich menschliches Wirkungsvermögen (himma) und göttliche Macht vereinen.[37] In dieses Geheimnis fällt die Anrufung auf ihrer dritten Stufe und versinkt in ihm. Dabei verliert der Anrufende das Bewusstsein davon, dass er anruft und geht in dem anzurufenden Gott völlig auf. Dementsprechend wird die Anrufung zu einem selbständigen Wesen. Von den Zeichen, die auf diese dritten Stufe der Anrufung hinweisen, nennt Kubrā die Flammen, die unaufhörlich brennen und eine glühende Hitze ausstrahlen, während zugleich die Lichter der Anrufung auf- und niedersteigen.[38]

2. 3. Die Wirklichkeit der Licht-Erscheinungen

Die Anrufung auf allen drei Stufen bedeutet insgesamt, dass die Anrufung in den Brunnenschacht des Herzens hinabsteigt und zugleich aus dem Brunnen der Finsternis aufsteigt. In dieser allumfassenden Bewegung der Anrufung geht es darum, „das subtile Licht-Organ unter den Bergen hervorzuziehen, unter denen es gefangen liegt."[39] Entsprechend dem Koran-

33 Koran 17, 85.
34 Vgl. Fawâ'ih, 72.
35 Fawâ'ih, 59.
36 Fritz Meier, S. 174.
37 Vgl. Fawâ'ih, 107.
38 Vgl. Fawâ'ih, 51.
39 *Fawâ'ih*, 12.

Vers „Und die Berge, die du für so fest hältst, wirst du wie Wolken vorbeiziehen sehen“,[40] den Kubrā in diesem Zusammenhang anführt, werden die Berge, nämlich die vier Grundelemente der Natur, durch die Anrufung verwandelt, und dann kann es geschehen, „dass du dich selbst siehst, als befändest du dich im Grunde eines Brunnenschachtes und als ob der Brunnen sich bewegte und von oben herabstiege. In Wirklichkeit bist du es, der dabei ist, aufzusteigen.“[41] Dieser Aufstieg wird von inneren Schauungen begleitet, in denen der Gottsucher „Städte, Länder, Häuser (erblickt), die von oben zu dir niedersteigen und dann unter dir verschwinden, als ob du einen Deich am Ufer des Meeres sich auflösen und in ihm verschwinden sähest.“[42]

Die Übereinstimmung oder „die Waage“ zwischen innerer Schau und innerem Zustand bildet für Kubrā die Gewähr dafür, dass die geistigen Schauungen nicht mit Trugbildern verwechselt werden. Kubrā hat deshalb das Gesetz der Waage aufgestellt: „Es kommt vor, dass du mit Augen etwas von dem schaust, was du zuvor nur theoretisch durch den Intellekt kanntest. Wenn du ein Meer erblickst, in das du eingetaucht bist, und es so durchquerst, so wisse, dass dies die Vernichtung der überflüssigen Ansprüche ist, die dem Element Wasser entstammen. Wenn das Meer durchsichtig ist und es in ihm versunkene Sonnen oder Lichter oder ein Flammen gibt, so wisse, dass dies das Meer der mystischen Erkenntnis ist. Wenn du Regen fallen siehst, so wisse, dass das ein Tau ist, der von den Orten der göttlichen Barmherzigkeit herabkommt, um die Erde der toten Herzen zu beleben. Wenn du ein Aufflammen erblickst, in dem du ganz eingesunken bist und von dem du dich dann löst, so wisse, dass dies die Vernichtung der überflüssigen Anblicke ist, die dem Element Feuer entstammen. Schließlich, wenn du vor dir einen großen weiten Raum siehst, eine unendliche Weite, die sich der Ferne zu öffnet, während über dir durchsichtige reine Luft ist und du am fernen Horizont Farben wahrnimmst, grün, rot, gelb, blau, so wisse, dass dies deinen Übergang über diese Luft bis zum Gebiet dieser Farben ankündigt. Nun sind dies die Farben der innerlich erfahrenen geistigen Zustände. Die grüne Farbe ist das Zeichen für das Leben des Herzens; die Farbe reinen glühenden Feuers ist das Zeichen für die Kraft der geistigen Energie (himma), das heißt, der Macht der Verwirklichung. Ist das Feuer glanzlos,

40 Koran 27, 88.
41 *Fawâ'ih*, 12.
42 *Fawâ'ih*, 12.

so bedeutet es einen Zustand von Müdigkeit und Anstrengung beim Gottsuchenden, der dem Kampf mit dem niederen Ich und dem Satan folgt. Blau ist die Farbe dieses niederen Ichs. Gelb zeigt die Erschlaffung an. All dieses sind die übersinnlichen Wirklichkeiten, die mit dem Gottsuchenden in der doppelten Sprache von innerer Erfahrung (dhauq) und visionärer Wahrnehmung ein Gespräch führen. Es sind also zwei unbestechliche Zeugen; denn du erfährst innerlich in dir das, was du mit deinem inneren Blick schaust, und umgekehrt schaust du durch den inneren Blick genau das, was du in dir selbst erfährst.“[43]

Diese Übereinstimmungen ermöglichen die Kontrolle farbiger Licht-Erscheinungen, die die geistigen Schauungen bezeugen. In diesem Zusammenhang betont Kubrâ immer wieder den Vorrang der grünen Farbe, die vor allem die Farbe des Herzens ist: „Die grüne Farbe ist die letzte Farbe, die übrig bleibt. Aus dieser Farbe kommen Strahlen hervor, die in glitzernden Blitzen und glimmerndem Schimmer aufblitzen. Diese grüne Farbe kann absolut rein sein [...] Ihre Reinheit kündet die Herrschaft des göttlichen Lichtes an.“[44] Und „auf dem geistigen Pfad, der ein Aufstieg durch den Brunnenschacht ist, beginnt an der Öffnung ein grünes Licht zu glänzen [...] Von diesem Augenblick an zeigen sich dir Wunder, die du nie vergessen kannst [...], wundersame Dinge der malakut (der Welt der animae coelestes, des inneren Sinns der sichtbaren Himmel) und seltsame Dinge der ǧabarūt (die Welt der Cherubim und der Gottesnamen). Du durchlebst die widersprüchlichsten Gefühle, Erhebung, Entsetzen, Anziehung [...] Am Ende des geistigen Weges oder des mystischen Pfades wirst du den Brunnen unterhalb von dir sehen. Von da an verwandelt sich der ganze Brunnen in einen Brunnen von Licht oder grüner Farbe. Finsternis zu Beginn, weil es die Wohnstätte der Dämonen war, ist er jetzt leuchtend in grünem Licht, weil er zum Ort geworden ist, zu dem die Engel und die göttliche Barmherzigkeit herabsteigen.“[45]

Die Engel sind Lichter und zugleich Personen. Sie erscheinen einzeln oder in Ansammlungen (sakīna). Sie berühren Menschen, umarmen sie und heben sie empor. Kubrā hat mehrmals von seinen Begegnungen mit Engeln berichtet. Einer dieser Berichte lautet: „Ein Engel hob mich empor. Er kam

43 *Fawâ'ih*, 13.
44 *Fawâ'ih*, 15.
45 Fawâ'ih, 17.

von hinten, nahm mich in seine Arme, hob mich empor, kam mir vor das Gesicht und küsste mich. Sein Licht glänzte mir in den inneren Augen. Hierauf sprach er: Im Namen Gottes, als den es keinen anderen gibt, des Erbarmers, des Barmherzigen! Und stieg ein wenig mit mir empor. Dann setzte er mich wieder ab."[46] An einer anderen Stelle berichtet er, dass er beim Aufstieg aus dem Brunnenschacht von vier Engeln umgeben war, die in sein Herz hinab gestiegen waren.[47] Alle diese Bilder finden sich in den inneren sieben Himmeln, auf den sieben Ebenen des Seins, die ihre Entsprechungen im Licht-Menschen haben. „Wisse, dass das Sein (wuğūd) nicht auf einen einzigen Akt beschränkt ist. Es gibt keinen Seins-Akt, jenseits von dem man nicht einen anderen Seins-Akt entdeckt, der auserlesener und schöner als der vorhergehende ist, bis man zum Göttlichen Wesen gelangt. Für jeden Seins-Akt beim Durchlaufen des geistigen Weges gibt es einen Brunnen. Die Seins-Kategorien sind auf sieben begrenzt. Darauf weist die Zahl der Erden und der Himmel hin. Wenn du nun also den Aufstieg durch die sieben Brunnen in den verschiedenen Seins-Kategorien gemacht hast, dann zeigt sich dir der Himmel der herrscherlichen Kraft und der Macht. Dessen Atmosphäre ist ein grünes Licht, dessen Grün die eines lebendigen Lichtes ist, von Wellen durchlaufen, die sich ewig gegeneinander bewegen. In dieser grünen Farbe ist eine solche Intensität, dass die Menschengeister nicht die Kraft haben, sie zu ertragen, was sie aber nicht hindert, mystische Liebesleidenschaft für sie zu empfinden. Auf der Oberfläche dieses Himmels zeigen sich Punkte von einem Rot, das intensiver als Feuer, Rubin oder Karneol ist, die Gruppen von fünf angeordnet zu sein scheinen. Der Gottsucher erfährt bei ihrem Anblick Heimweh und glühende Sehnsucht; er strebt danach, sich mit ihnen zu vereinigen."[48]

3. Zum Abschluss

Alles Heimweh und alle Sehnsucht des Menschen erfüllen sich in der mystischen Vereinigung und Einheit mit Gott. Heimweh und Sehnsucht sind aber Kennzeichen der Liebe. Kubrā beschreibt die mystische Liebe mit den

46 Fawâ'ih, 23.
47 Vgl. Fawâ'ih, 19-21.
48 Fawâ'ih, 18.

Erfahrungen der irdischen Liebe, denn für ihn sind die mystische und die irdische Liebe zwei Formen ein und derselben Liebe. Dementsprechend beschreibt er die Liebe als ein „Feuer, das die Eingeweide und die Leber verbrennt, den Verstand verfliegen, das Auge blind werden und das Gehör schwinden lässt, das einem die größten Schrecken klein erscheinen lässt und einem die Kehle so verengt, dass nur noch ein Hauch durchkommt. Es vereinigt die Energie (himma) (des Menschen) auf den Geliebten, lässt einen aus Eifersucht Schlechtes über den Geliebten denken und steigert sich. Dann schwindet die Ordnung, und es bleibt die Liebesglut. Der Tod erscheint schön, und Vergessen ist die Hinterlassenschaft. Die Vereinigung löscht das Feuer; Tadel, Beleidigung, Schläge vermindern es. Der Liebende möchte, dass sein Geliebter nicht bestünde, damit nicht ein anderer sich mit ihm vereine. Zuweilen endet es, wenn es sich um einen Menschen handelt, damit, dass man sagt: ‚Du bist mein Herr! Ich habe keinen Herrn außer dir!' Das ist freilich ein ketzerisches Wort, aber es ist aus einem Erleben und einem Zwang heraus, nicht bewusst und willentlich gesprochen. Es ist ein Wort, das nicht der Liebende selber, sondern das Feuer der Liebe spricht; denn das Feuer der Liebe wird vom Geliebten selbst genährt, und der Liebende kann in der stummen Sprache des Zustandes nichts anderes sagen als: ‚Du bist mein Untergang in Religion und Welt. Du bist mein Unglaube und mein Glaube, mein Sehnsuchtsziel und das Ende meines Wünschens. Du bist ich!'

Husain ibn Mansūr al-Hallāǧ hat (mit Bezug auf seine Liebe zu Gott) gedichtet:

O höchster meiner Wünsche, siehe ich
bin voll Verwundrung über Dich und mich
Du nähertest mich Dir bis zu dem Nu,
da ich vermeinte, Du bist wahrhaft ich.[49]

Die so von Kubrā beschriebene Liebe wird von ihm in vier Stufen gegliedert: „die Liebe, in der man den Geliebten um seiner selbst (des Liebenden) willen begehrt, dann die Liebe, in der man sich umgekehrt ihm opfert, dann

49 Fawâ'ih, 81. Bezüglich des Hallâj-Verses vgl. Annemarie Schimmel: *O Leute, rettet mich vor Gott*, Freiburg i. Br., 1986, S. 83.

die Liebe, in der die Zweiheit der Personen vergessen wird, und schließlich das Auf- und Untergehen in der Einheit."[50]

Die mystische Liebe setzt grundsätzlich die mystische Erkenntnis voraus oder – besser gesagt –: Liebe schließt Erkenntnis ein und Erkenntnis Liebe. „Der Gottsuchende geht im Verlangen oder die Erkenntnis in der Liebe unter; denn Erkenntnis fordert Beschreibung, Liebe aber tilgt Beschreibung und fordert die Erhebung über das Beschreiben. Wenn also der Träger einer Eigenschaft in der Eigenschaft, der Fruchtträger in der Frucht aufgeht, so vereinigt sich seine Liebe mit der Liebe des Geliebten. Dann gibt es keinen Vogel und keine Flügel mehr, sondern sein Fliegen und seine Liebe zu Gott bestehen durch die Liebe zu ihm, nicht die von ihm zu Gott.

‚Ich bin der, den ich liebe, und der, den ich liebe, ist ich'."[51]

In dieser Einheit vollendet sich der geistige Aufstieg des Menschen zum göttlichen Licht. „Jedesmal, wenn ein Licht von dir aufsteigt, steigt ein Licht zu dir herab, und jedesmal, wenn Flammen von dir aufsteigen, steigen gleichermaßen Flammen herab, die ihnen entsprechen [...] Sind ihre Energien gleich groß, dann treffen sie sich in der Mitte (zwischen Himmel und Erde) [...] Aber wenn deine Lichtsubstanz in dir gewachsen ist, dann ist sie es, die durch die Beziehung mit ihrer Entsprechung im Himmel zu einem Ganzen wird. Dann ist es die Lichtsubstanz im Himmel, die nach dir seufzt; denn es ist die deine, die sie anzieht, und sie steigt zu dir hinab. Das ist das Geheimnis der mystischen Wanderung (sirr as-sayr)."[52] Am Ziel dieser Wanderung vereinigt sich Gleiches mit Gleichem, und in diesem Ganzen gibt es keine Farben mehr, sondern allein das göttliche „Licht über Licht"[53] der einen absoluten Wirklichkeit.

50 Fritz Meier, S. 223.

51 Fawâ'ih, 101. Der Hallâj-Vers findet sich im Divân, Nr. 57.

52 Fawâ'ih, 63 f.

53 Koran 24, 35.

Ṣadr ad-Dīn Šīrāzī (Mullā Ṣadrā) – Metaphysik als heilige Wissenschaft

Ṣadr ad-Dīn Šīrāzī, bekannt auch als Mullā Ṣadrā, ist einer der bedeutendsten islamischen Philosophen, Theologen und Mystiker, der im 17. Jahrhundert in Persien lebte und die islamische Philosophie zu einer neuen Blüte geführt hat[1]. Auf der Grundlage der islamischen Offenbarung und seiner eigenen mystisch-metaphysischen Erfahrungen hat er die philosophischen Lehren vor allem von Ibn Sīnā (980-1037), Abū Muḥḥammad Ḥamīd Ġazālī (1058-1111), Šihāb al-Dīn Suhrawardī maqtul (1154-1191) und seines Lehrers Mīr Dāmād (gest. 1631/32) mit den mystischen Lehren von ʿAyn al-Quḍat Hamadānī (1098-1131), ʿIbn Arabī (1165-1240) und Maḥmūd Šabistarī (1288-1340) verbunden, umgestaltet und ganzheitlich weiter entwickelt und darüber hinaus auch zahlreiche vorislamische Traditionen in seine metaphysischen Betrachtungen mit einbezogen.

Diese ganzheitliche Philosophie wurde von seinen Schülern als transzendente Weisheit (Ḥikmat mutaʿ āliya) bezeichnet. Sie ist das Ziel, auf das sich die ganze Philosophie, Theologie und Mystik Mullā Ṣadrās bezieht. Für ihn ist „die Philosophie (falsafa) die Vervollkommnung der menschlichen Seele (istikmāl al-nafs al-insāniyya) durch die Erkenntnis der Wirklichkeit der Seienden (maʿrifat haqāʾiq al-mawǧūdāt), so wie sie in Wirklichkeit sind, und durch die Urteile über ihr Sein, das durch Beweise ermittelt (taḥqīqan

1 In Europa wurde Mullā Ṣadrā zuerst durch den französischen Diplomaten und Schriftsteller Arthur Comte de Gobineau (1816-1882) bekannt, der ihn in seinem Werk „Les religions et philosophies dans lʿAsie centrale“, Paris 1865, als bedeutenden Erneuerer der islamischen Philosophie in Persien würdigte. Im Jahr 1912 veröffentlichte der deutsche Orientalist Max Horten (1874-1945) die erste wissenschaftliche Arbeit über Mullā Ṣadrā: „Die Gottesbeweise bei Schirázi (1640+). Ein Beitrag zur Geschichte der Philosophie und Theologie im Islam“ und 1913 in Strassburg: „Das philosophische System von Schirázi (1640+)“. Einige Jahrzehnte später sind weitere grundlegende Arbeiten über Mullā Ṣadrā von Henry Corbin, S. H. Nasr, Fazlur Rahman und anderen in europäische Sprachen erschienen. Vgl. die Bibliographie in: Sajjad H. Rizvi, Mullā Ṣadrā and Metaphysics, London 2009, 185-212.

bi-l-barāhīn) und nicht durch Vermutungen (bi-l-ẓann) verstanden wird oder durch Festhalten an der Autorität (bi-l-taqlīd) soweit diese dem Menschen erreichbar ist. Durch das Erkennen wird die Seele ein Spiegelbild der Welt. Dadurch ist die Würde der Philosophie klar, denn das Sein, ihr Gegenstand, ist das reine Gute, und ein Ding, das man nicht erkennt, kann man nicht verwirklichen. Die Weisheit ist ein Geschenk Gottes“[2]. Mullā Ṣadrā hat die Weisheitslehre und Wissenschaften auf unterschiedliche Weise gegliedert. In der Einleitung zu seinem Hauptwerk „Asfār“ gliedert er die Philosophie oder Weisheitslehre entsprechend der aristotelischen Denkschule in theoretische und praktische Weisheit. Während die theoretische Weisheit Logik, Mathematik, die Wissenschaft von der Natur und die Metaphysik umfasst, gehören Ethik, Wirtschaftslehre und Politik zur praktischen Weisheit. Den Kern der theoretischen Weisheitslehre bildet eindeutig die Metaphysik, die für Mullā Ṣadrā göttliche Wissenschaft (ʿilm ilāhī) und göttliche Weisheit (ḥikmat ilāhiya)[3] ist; in ihrem Mittelpunkt stehen die Lehre vom Vorrang des Seins und die Lehre von der Einheit und Abstufung des Seins.

Im Folgenden werden die Grundzüge dieser Metaphysik kurz aufgezeigt. Zuvor wird ein kurzer Überblick über Leben und Werk von Mullā Ṣadrā gegeben

1. Leben und Werk[4]

Mullā Ṣadrā, dessen voller Name Muḥammad ibn Ibrāhīm Yaḥya Šīrāzī Qawāmī lautet, wurde um 979/1572 in Schiraz als einziger Sohn einer reichen und einflussreichen Familie geboren. Sein Vater war ein gelehrter

2 Ṣadr al-Dīn Muḥammad Širāzī, Ḥikma al-muta' āliya fī l-asfār al-arba'a al-ʿaqliyya, hrsg. von Gholamreza Aavanī, Teheran 2003, Bd. 1, 23.

3 Schon Aristoteles hat die Metaphysik, deren Name er noch nicht verwendete, als Erste Philosophie (prōtē philosophia), Theologie und Weisheit (Sophia) bezeichnet.

4 Den neuesten Forschungsstand über Leben und Werk Mullā Ṣadrās vermittelt vor allem das Buch von Sajjad H. Rizvi, Mullā Ṣadrā Shīrāzī: His Life and Works and The Sources for Safavid Philosophy, Oxford 2007, (Journal of Semitic Studies Supplement 18). Ein vollständiges Verzeichnis der Werke Mullā Ṣadrās findet sich in: Hans Daiber, Bibliography of Islamic Philosophy, Bd. 1, Leiden, 663-667 und Supplement, Leiden 2007, 210-212.

Mann und zeitweilig auch Minister am safawidischen Königshof. Die erste Ausbildung erhielt Mullā Ṣadrā zu Hause von Hauslehrern und seinem Vater. Nach dessen Tod begab er sich nach Isfahan und studierte dort Philosophie, Theologie und Geisteswissenschaften bei Bahā' al-Dīn Muḥammad al-'Āmilī (gest. 1031/1622) und Muḥammad Bāqir Astarābādī, genannt Mīr Dāmād (gest. 1040/1631). Nach Beendigung seiner Studien lehrte er selbst Philosophie, zog sich aber wegen zahlreicher Anfeindungen vor allem von Seiten bestimmter Rechtsgelehrter in das kleine Dorf Kahak in der Nähe von Qom zurück, wo er, wie manche Quellen berichten, fünfzehn Jahre lang blieb. Hier wurde ihm sein entscheidendes mystisch-metaphysisches Erlebnis zuteil. Mullā Ṣadrā selbst berichtet, wie nach langen geistigen Übungen seine Seele zu glühen begann: „dann strömten Lichter aus der Welt der Engel (malakūt) über meine Seele, wobei sich alle Mysterien aus der Welt der cherubinischen Intelligenzen und der Welt der göttlichen Namen (ǧabarūt) offenbarten und meine Seele von den Mysterien der göttlichen Einheit durchdrungen wurde. Ich erkannte die göttlichen Mysterien (asrār), die ich bis dahin nicht verstanden hatte; die Sinnbilder (rumūz) enthüllten sich mir, was mir bisher keine vernünftige Beweisführung aufzeigen konnte. Oder besser gesagt: alle metaphysischen Geheimnisse, die ich bisher durch logische Beweise erkannt hatte, habe ich jetzt durch eine intuitive Erkenntnis, durch eine unmittelbare Schau erkannt“[5]. Nach dieser großen geistigen Erfahrung begann Mulla Sadra mit der Niederschrift seines wichtigsten und umfangreichsten Werkes „Die transzendente Weisheit über die vier geistigen Reisen (al-Ḥikma al-mut'āliya fī l-Asfār al-arba'a al-'aqliyya)“, mit der Absicht, allen Suchenden auf dem Weg zur geistigen Vollkommenheit einen Wegweiser in die Hand zu geben. Das Werk besteht aus folgenden vier mystisch-metaphysischen „Reisen“: 1. Die Reise des Geschöpfs oder der Schöpfung zum Schöpfer oder zur Wahrheit, 2. Die Reise in die Wahrheit mit der Wahrheit, 3. Die Reise von der Wahrheit zur Schöpfung mit der Wahrheit und 4. Die Reise mit der Wahrheit in die Schöpfung. Andere wichtige Werke sind: „Die göttlichen Bezeugungen (Šawāhid al-rubūbiyya)“, „Die Weisheit des göttlichen Thrones (Kitāb al-'aršīyya)“, „Glossen zum Kommentar von Suhrawardīs Ḥikmat al-išrāq (Ḥašiyat Šarḥ i Ḥikmat al-išrāq)“, „Glossen zu Ibn Sīnās aš-

5 Ṣadr al-Dīn Širāzī, al-Asfār al-arb'a, hrsg. von Muḥammad Ḥusain Ṭabāṭabā'ī, Qom 1958, Bd. 1, S. 8. Im Folgenden abgekürzt als al-Asfār.

Šifā` (Ḥašiyat aš-Šifa`)“ , „Das Einssein des Erkennenden mit dem Erkannten (Ittiḥād al-'āqil wa-l-ma'qūl)“, „Das Buch der metaphysischen Durchdringungen (Kitāb al-Mašā'ir)“, „Ursprung und Rückkehr (al-Mabda`wa-l Ma'ād)“, „Die Schlüssel zur Verborgenheit (Mafātīḥ al-ġayb)“, „Abhandlung über Entstehung der Welt (Risāla fī-l-ḥudūṯ)“ und seine großartigen metaphysischen Korankommentare zu einzelnen Suren und Versen, die in dem mehrbändigen „Tafsīr al-Qur'ān al-karīm“ gesammelt sind. Von Schah 'Abbās II. wurde er gebeten, in der vom Gouverneur Allāhwirdī Khān in Schiraz erbauten Hochschule in Schiraz Philosophie zu lehren. Mullā Ṣadrā folgte dem Ruf und kehrte nach Schiraz zurück und lehrte dort bis zu seinem Tode vor allem Philosophie. Er starb während seiner siebten Pilgerreise auf dem Weg nach Mekka in Basra im Jahr 1050/1649, wo er auch begraben liegt. Mullā Ṣadrās Philosophie wurde von seinen Schülern weitergegeben und verbreitete sich bis nach Indien. Zu seinen bedeutendsten Schülern gehören Fayyaḍ Lāhiğī (gest. 1661) und Mullā Muḥsin Fayḍ-i Kāšānī (gest. 1680), die zugleich seine Schwiegersöhne waren. Von den späteren Vertretern der Metaphysik Mullā Ṣadrās ist vor allem Mullā Ḥağğī Hādī Sabzawārī (1797-1878 oder 1881) zu nennen. Der Einfluss der Philosophie und im Besonderen der Metaphysik Mullā Ṣadrās auf die gegenwärtige Philosophie und Theologie im Iran und in der islamischen Welt dauert bis in die Gegenwart an.

2. Grundzüge der Metaphysik

Metaphysik bezieht sich für Mullā Ṣadrā auf die Erkenntnis der höchsten Wirklichkeit und vermag den Menschen zu jener geistigen Vollkommenheit zu führen, die ihn befähigt, das Absolute oder Unbedingte vom Relativen und das Wirkliche vom Unwirklichen zu unterscheiden. Mullā Ṣadrā betont in diesem Zusammenhang, dass eine solche hohe Erkenntnis allein durch die Verankerung der Metaphysik in einer geistigen Schau (bi-l-kašf wa-l-šuhūd) und in der göttlichen Offenbarung selbst ermöglicht wird. Die metaphysische Erkenntnis, die auf einer geistigen Schau beruht, ist für Mullā Ṣadrā gleichsam das Auge, mit welchem das Licht der göttlichen Offenbarung geschaut werden kann.

2. 1. Die Lehre vom Vorrang des Seins

Die wichtigste Grundlage für Mullā Ṣadrās Metaphysik vom Sein der höchsten Wirklichkeit ist die göttliche Offenbarung, wie sie im Koran enthalten ist. Im Besonderen sind es die Stellen, wo vom göttlichen Schöpfungswort „Sei (Kun) und es ist"[6] die Rede ist. Mullā Ṣadrās übersetzt dieses göttliche Wort in die philosophische Sprache als Sein (arab. wuǧūd, gr. einai, lat. esse), das heißt als Wirklichkeit des Seins (al-haqīqa al-wuǧūd). Sprachlich ist das Wort „Sein" der substantivierte Infinitiv des Hilfsverbs „sein" mit seinen vielfältigen Verwendungsweisen. Die Substantivierung von „sein" zum „Sein" zeigt aber, dass in der Philosophie die vielfältigen Verwendungsweisen von „sein" als zusammengehörig gedeutet werden. Im Unterschied zur deutschen Sprache und den anderen indogermanischen Sprachen kennt die arabische Sprache keine Kopula „sein" beziehungsweise „ist". Das arabische Wort wuǧūd ist von der Wurzel w-ǧ-d abgeleitet, die „finden" bedeutet. Diesem Sein kommt eindeutig der Vorrang vor dem Seienden (gr. on, arab. mawgūd, lat. ens) und der Washeit oder Wesenheit (arab. māhiya, lat. quidditas). Damit unterscheidet sich Mullā Ṣadrā klar und deutlich von Ibn Sīnā, Suhrawardī und Mīr Dāmād, die nicht dem Sein, sondern dem Seienden und der Washeit oder Wesenheit den Vorrang einräumten. Mit Recht ist die Wendung Mullā Ṣadrās vom Seienden zum Sein und damit seine Lehre vom Vorrang des Seins (aṣālat al-wuǧūd) als „Revolution" in der Geschichte der islamischen Philosophie bezeichnet worden[7]. Bevor die Unterschiede zwischen Sein und Seiendem und zwischen Sein und Washeit oder Wesenheit betrachtet werden, muss zuerst noch kurz auf den Unterschied zwischen Begriff und Wirklichkeit des Seins hingewiesen werden.

2. 1. 1. Der Unterschied zwischen Begriff und Wirklichkeit des Seins

Mullā Ṣādrā unterscheidet zwischen dem Begriff (mafhum) des Seins und der Wirklichkeit (ḥaqīqa) des Seins und meint damit zwei Bezugsebenen,

---

6 Koran 2, 117. Und Koran 3, 47; Koran 3, 59; Koran 6, 73; Koran 16, 40; Koran 19, 35; Koran 36, 82; Koran 40, 68. Vgl. dazu Toshihito Izutsu, The fundamental structure of Sabzawari's metaphysics, in: Ders., The Concept and Reality of Existence, Tokyo, 1971, S. 57-149.

7 Vgl. Henry Corbin, Einleitung zu Mollā Sadrā Shīrāzī, Le livre des pénétrations métaphysiques (Kitāb al-Mashā'ir), Lagrasse 1988, S. 57.

die nicht miteinander verwechselt werden dürfen. Der Vor-Begriff und der Begriff des Seins bilden und befinden sich auf der Ebene des vorbegrifflichen und begrifflichen Denkens, während sich die Wirklichkeit des Seins jenseits von Verstand und Denken befindet[8].

2. 1. 1.1. Der Begriff des Seins

Mafhum bedeutet wörtlich „das, was verstanden wurde". Eine unbedachte Übersetzung mit „Begriff" kann zu Missverständnissen führen. Denn bei Mullā Ṣadrā bezieht sich Mafhum zunächst auf die vorbegriffliche Stufe des Verstehens dessen, was „ist" oder „existiert". Dieser Vor-Begriff des Seins oder das vorbegriffliche Verstehen ereignet sich spontan und selbstverständlich (badīhī). Wenn zum Beispiel gesagt wird „Der Mensch ist" oder „Der Mensch existiert", dann wird im Allgemeinen unmittelbar verstanden, was gemeint ist. Dieses Verstehen ereignet sich ohne jede Reflexion und erfolgt unmittelbar. Zum vorbegrifflichen Verstehen hat sich Martin Heidegger mehrfach geäußert. Er fragt zunächst „nach der Möglichkeit des Begreifens dessen, was wir alle als Menschen schon und ständig verstehen. Die Seinsfrage als Frage nach der Möglichkeit des Begriffes vom Sein entspringt ihrerseits aus dem vorbegrifflichen Seinsverständnis"[9]. Das vorbegriffliche Verstehen des Seins kann aber auch zu einem begrifflichen Verstehen im eigentlichen Sinne des Wortes entwickelt werden. Die Begriffsbildung wurde zuerst von Sokrates und Platon als Frage nach den gemeinsamen Eigenschaften oder Merkmalen von Dingen methodisch durchgeführt. Weil das Sein als solches keine Eigenschaften und Begrenzungen kennt, wird es auch als absolute Sein (wuǧūd muṭlaq) bezeichnet. Dagegen wird der Begriff des Seins, der durch eine Washeit oder Wesenheit bestimmt oder begrenzt wird, ein begrenztes Sein (wuǧūd muqayad) genannt. Beispiele für einen solchen begrenzten Begriff von Sein sind Aussagen: das Sein eines Menschen, das Sein einer Katze oder das Sein eines Baumes.

2. 1. 1. 2. Die Wirklichkeit des Seins

Im Unterschied zum Vor-Begriff und Begriff des Seins ist es sehr schwer, die Wirklichkeit des Seins (ḥaqīqat al-wuǧūd) zu erfassen und zu verstehen, denn sie kann nicht, wie Mullā Ṣadrā feststellt, „in unserem Verstand ver-

---

8 Vgl. dazu Toshihiko Izutsu, a. a. O. S. 68 ff.

9 Martin Heidegger, Kant und das Problem der Metaphysik, Bonn 1929, 216.

wirklicht werden. Denn das Sein ist nicht etwas Allgemeines, im Gegenteil; das Sein von jedem Seienden ist dieses Seiende selbst in der äußeren Welt, und das Äußere kann niemals in das Denken verwandelt werden. Das, was verstandesmäßig vom Sein erfasst werden kann, ist bloß ein allgemeiner gedachter Begriff. ... Die Erkenntnis der Wirklichkeit des Seins ist allein durch die erleuchtende Gegenwart (ḥudūr išrāqī) oder eine unmittelbare Bezeugung zu erlangen"[10]. Diese Erfahrung ist aber nicht jedermann zugänglich. Sie ist, wie gesagt, eine mystisch-metaphysische Erfahrung, die denjenigen, die den geistigen Pfad beschreiten, zu teil werden kann.

Die Wirklichkeit des Seins wird auch als allgemeine Einheit (fard ʿamm) bezeichnet, wobei in diesem Zusammenhang mit allgemein (ʿamm) ihr allumfassender Anblick gemeint ist. Er bezieht sich auf alle äußerlich existierenden Wirklichkeiten in ihrem ursprünglichen Zustand der Einheit. Mit anderen Worten, in der Einheit ist die Vielheit enthalten. Diese Vielheit gibt sich in vielfältig existierenden Formen in der äußeren Welt kund. Als solche sind sie die vielfältigen Anblicke der einen Wirklichkeit des Seins.

2. 2. Der Unterschied zwischen Sein und Seiendem

Der Unterschied zwischen Sein und Seiendem geht auf Aristoteles zurück, für den nicht das Sein (gr. einai), sondern das Seiende als Seiendes (gr. to on hei on)[11] Gegenstand der Metaphysik ist. Ibn Sīnā übernahmen diese Gegenstandsbestimmung und bezeichnet im ersten Buch seines Hauptwerkes „Buch von der Genesung der Seele (Kitāb aš-Šifā)", ebenfalls das „Seiende als Seiendes (arab. mawǧūd bimā huwa mawǧūd) als den eigentlichen Gegenstand der Metaphysik[12]. In der mittelalterlichen lateinischen Übersetzung von Ibn Sīnās „Buch der Genesung der Seele" 'heißt es dementsprechend: „Primum subiectum huius scientiae est ens, inquantum ens"[13]. Dieses Werk hat neben der unmittelbaren Aristoteles-Rezeption das Seinsverständnis im christlichen Mittelalter stark beeinflusst. In der islamischen Welt wurde dieser Einfluss Ibn Sīnās und seiner Anhänger radikal durch

10 Ṣadr al-Dīn Širāzī, Le livre des pénétrations métaphysiques (Kitab al-Mashā'ir), Paris-Teheran 1965, S. 24, §57.

11 Vgl. Aristoteles, Metaphysik Γ1, 1003 a 21 f.

12 Vgl. Ibn Sīnā, Kitāb aš-Šifā, Bd. 1, Kairo 1980, 13

13 Avicenna, Latinus, Liber de Philosophia Prima sive Scientia Divina, ed. S.van Riet, Bd. 1, Leiden 1977, S. 13.

Mullā Ṣadrās Lehre vom Vorrang des Seins beendet, während in Europa scheinbar erst ungefähr 250 Jahre später von Martin Heidegger auf den Unterschied zwischen Sein und Seiendem und damit auf den Vorrang des Seins vor dem Seiendem hingewiesen wurde. In diesem Zusammenhang sei noch kurz darauf hingewiesen, dass für Martin Heidegger das abendländische Denken bereits seit Aristoteles an Seinsvergessenheit leidet. Diese Seinsvergessenheit besteht für ihn vor allem in der „Vergessenheit des Unterschiedes des Seins zum Seienden"[14]. In seinem Hauptwerk „Sein und Zeit", das zuerst 1927 im „Jahrbuch für Philosophie und phänomenologische Forschung" veröffentlicht wurde, stellt Heidegger fest: „Das Sein als Grundthema der Philosophie ist keine Gattung eines Seienden, und doch betrifft es jedes Seiende. Seine ‚Universalität' ist höher zu suchen. Sein und Seinsstruktur liegen über jedes Seiende und jede mögliche seiende Bestimmtheit eines Seienden hinaus. *Sein ist das transcendens schlechthin*. Die Transzendenz des Seins des Daseins ist eine ausgezeichnete, sofern in ihr die Möglichkeit und Notwendigkeit der radikalen *Individuation* liegt. Jede Erschließung von Sein als des transcendens ist transzendentale Erkenntnis. *Phänomenologische Wahrheit (Erschlossenheit von Sein) ist veritas transcendentalis*"[15]. Heidegger hat den Unterschied und das Verhältnis zwischen Sein und Seiendem, das er auch als „ontologische Differenz"[16] bezeichnet, in seiner Antrittsvorlesung „Was ist Metaphysik?" im Jahre 1929 an der Universität in Freiburg i. Br. eingehend behandelt, darüber hinaus aber auch immer wieder in anderen Werken[17]. Im Nachwort zur fünften Auflage (1943) von „Was ist Metaphysik?" bezeichnet er das Verhältnis zwischen Sein und Seiendem als ontologisch notwendige Korrelation: „Ohne das Sein, dessen abgründiges, aber noch unentfaltetes Wesen uns das Nichts in der wesenhaften Angst zuschickt, bliebe alles Seiende in der Seinslosigkeit. Allein auch diese ist als die Seinsverlassenheit wiederum nicht ein nichtiges Nichts, wenn anders zur Wahrheit des Seins gehört, dass das Sein nie west

14 Martin Heidegger, Der Spruch des Anaximander, in: Holzwege, Frankfurt am Main 1950, S. 336.

15 Martin Heidegger, Sein und Zeit, Tübingen 2006, S. 38.

16 Martin Heidegger, Vom Wesen des Grundes, Frankfurt am Main 1955, S. 5.

17 U. a. in folgenden Werken Martin Heideggers: Vom Wesen der Wahrheit 1930, Platons Lehre von der Wahrheit 1931/32, 1940, Brief über den Humanismus 1946, in: Wegmarken GA Bd. 9), Frankfurt am Main 1967; Einführung in die Metaphysik, Tübingen 1953.

ohne das Seiende, dass niemals ein Seiendes ist ohne das Sein“[18]. Gegen Heideggers Vorwurf der allgemeinen Seinsvergessenheit im Abendland hat der italienische Philosoph Cornelio Fabro[19] auf die Ausnahmestellung des heiligen Thomas von Aquin (1225-1274) und dessen Seinslehre nachdrücklich hingewiesen. Sein ist für Thomas vor allem Akt[20]. Das Wort stammt vom lateinischen Begriff actus oder actualitas, der eine Übersetzung des aristotelischen Begriffs „energeia“ ist. Meister Eckhart hat als Übersetzung des aristotelischen Begriffs der deutschen Sprache ein Wort geschenkt, das dem griechischen energeia nachgebildet ist; es sagt statt ‚actualitas‘: ‚Wirklichkeit‘“[21]. Thomas von Aquin hat sich den Begriff Akt in seiner Akt-Potenz-Lehre wie kein anderer zu Eigen gemacht. Gott ist für ihn reiner Akt (actus purus), und das Sein (esse) „erhält seine wesentliche und unterscheidende Bestimmung als erster und letzter ‚actus‘“[22]. Bei Thomas ist „das ens nicht das ‚habens essentiam‘, sondern das ‚id, quod habet esse‘..., derart, dass das Sein wahrer Akt ist, Akt, der immer nur Akt ist“.[23] Fabro ist der Auffassung, dass durch die Seinslehre des hl. Thomas die berechtigten Forderungen, die Heidegger für das Sein stellt, erfüllt werden[24]. Darüber hinaus ist er fest davon überzeugt, dass der hl. Thomas mit seinem Schritt vom ens in actu zum esse ut actus (zum Sein als Wirklichkeit) im christlichen Denken eine kopernikanische Revolution bewirkt hat[25]. Wenn damit nachgewiesen ist, dass Thomas von Aquin nicht zu den Philosophen der Seinsvergessenheit gehört, dann kommt ihm im Vergleich zu Mullā Ṣadrā eine führende Stellung zu. Ein Vergleich der Seinslehren von Thomas von Aquin und

---

18 Martin Heidegger, Nachwort zu „Was ist Metaphysik“?, in: Wegmarken (GA Bd. 9) Frankfurt am Main 1967, S. 306.

19 Über die Thomas-Interpretation von Cornelio Fabro siehe: Mario Pangallo, L‘essere come atto nell tomismo essenziale di Cornelio Fabro, Rom 1987 und Youn Hui Kang, La libertà di san Tommaso nell'interpretazione di Cornelio Fabro, Rom 1999.

20 Vgl. Thomas-Lexikon, Paderborn 1895, Nachdruck Stuttgart 1983, S. 14-21.

21 Georg Picht, Der Begriff der Energeia bei Aristoteles, in: Georg Picht, Hier und Jetzt, Bd. 1, Stuttgart 1980, S. 289.

22 Cornelio Fabro, Actualité et originalité de l”esse” thomiste, in: Revue thomiste (St. Maximine), 64, 1956, S.500.

23 Cornelio Fabro, Dall'essere all'esistente, Brescia 1957, S. 429.

24 Cornelio Fabro, Ontologia esistenzialistica e metafisica tradizionale, in: Rivista di Filosopfia Neo-Scolastica (Milano), 45, 1953, S. 611.

25 Vgl. Cornelio Fabro, La problematica dello “esse” tomistico, in: Ders., Tomismo e pensiero modern, Roma 1969, 130 f.

Mullā Ṣadrā ist daher eine dringliche Forderung an die philosophische Forschung in Ost und West.

2. 3. Der Unterschied zwischen Sein und Wesenheit oder Washeit

Die Frage nach dem Unterschied und dem Verhältnis zwischen Sein (wuǧūd) und Washeit oder Washeit (māhiya) war in der Geschichte der islamischen Philosophie eine grundlegende Frage. Sie geht auf al-Fārābī (um 870-950) und Ibn Sīnā zurück.

Wenn ein Mensch die Wahrnehmung der verschiedenen Dinge, denen er begegnet, gründlich zu untersuchen beginnt, dann können sich ihm folgende zwei Fragen stellen. Die erste Frage lautet: „Ist es" oder „existiert es (arab. hal huwa)? Diese Frage bezieht sich auf das Sein oder Nicht-Sein eines Dinges oder eines Seienden. Die zweite Frage lautet: Was ist das (arab. mā huwa)? Diese zweite Frage bezieht sich auf die Washeit oder Wesenheit eines Dinges oder eines Seienden. Aus der Frage mā huwa wurde das Wort māhiya gebildet, ebenso wurde im Lateinischen aus der Frage quid est (was ist das) das Substantivum quidditas gebildet. Māhiya und quidditas werden im Deutschen mit Washeit oder Wesenheit wiedergegeben. Dementsprechend kann jedes Ding oder Seiende vom Gesichtspunkt des Seins oder der Wesenheit betrachtet werden.

Suhrawardī und in seiner Nachfolge Mīr Dāmād waren der Auffassung, dass die Wesenheit eines Dinges objektiv wirklich ist, während das Sein nur ein Akzidens sei, das keine Wirklichkeit besitze. Mullā Ṣadrā hat diese Auffassung mit einer Fülle von Argumenten zurückgewiesen, von denen hier im Folgenden nur zwei angeführt werden.

Das Sein, das der Grund alles Seienden ist, gibt allem Seienden seine Wirklichkeit. Ohne Sein würde alles Seiende überhaupt nicht existieren können. Im Hinblick auf die Washeit stellt Mullā Ṣadrā fest, dass diese als solche gar nicht existieren kann. Erst das Sein verleiht der Washeit ihre Wirklichkeit [26]. Die Washeit oder Wesenheit vermag deshalb ohne Sein gar nicht in Erscheinung zu treten.

Die Wesenheit begrenzt einen Gegenstand und unterscheidet ihn von anderen Gegenständen. Zur Verdeutlich dieses Zusammenhanges führt Mullā Ṣadrā ein Beispiel an: In dem Satz „Der Mensch ist ein animal rationale (ein vernünftiges Lebewesen)" begrenzt der Ausdruck „rationale" den

26 Vgl. Ṣadr al-Dīn Šīrāzī, al-Asfār, 1, 68.

Menschen und schließt andere Möglichkeiten aus. Weil die Washeit oder Wesenheit eine Begrenzung des Seins ist, bedeutet dies im Hinblick auf das höchste Sein Gottes, dass das Sein Gottes von aller Wesenheit frei ist, denn Gottes Sein ist unbegrenzt, unendlich und einfach. Für die Anhänger Suhrawardīs ist das Sein nur ein gedachter Begriff; dementsprechend ist Gott auch nur ein gedachter Begriff. Wenn aber das Sein Gottes nicht der Grund und die Ursache für alles Seiende ist, wie soll dann Gott die Ursache aller Ursachen sein und der Grund für all das, was ist. Für Mullā Ṣadrā ist damit klar, dass, wenn der Wesenheit der Vorrang vor dem Sein eingeräumt wird, dies zum Unglauben führen kann.

Ein weiteres Argument, das Mullā Ṣadrā gegen die Auffassung von Suhrawardī und Mīr Dāmād anführt, ergibt sich aus seiner Untersuchung des Verhältnisses von objektiver Wirklichkeit und Subjektivität. Die objektive Wirklichkeit verfügt über die Fähigkeit, bestimmte Wirkungen hervorzubringen; die Subjektivität verfügt nicht über diese Fähigkeit. Zum Beispiel kann der bloße Begriff des Feuers nichts anzünden oder verbrennen, während das wirkliche Feuer alles, was ihm zur Nahrung gegeben wird, niederbrennt. Die Behauptung, dass es zwischen der objektiven und der subjektiven Daseinsweise keinen Unterschied gebe, wird von Mullā Ṣadrā deutlich zurückgewiesen. Denn manchmal gründet sich eine Wesenheit auf der subjektiven Ebene ohne die ihr entsprechende äußere Wirklichkeit. So kann man sich zum Beispiel die Gestalt eines Elefanten ohne jeglichen Bezug zu seinem äußeren Dasein ausdenken. Wenn also die Wesenheit bisweilen nur auf ihre gedankliche Ebene beschränkt bleibt, dann hebt sie ihren vermeintlichen Vorrang vor dem Sein auf und beweist damit, dass eine andere Wirklichkeit gibt, welche das Dasein aller Dinge in der äußeren Welt begründet. Diese Wirklichkeit ist das Sein oder die Existenz eines Gegenstandes. Deshalb hat das Sein Vorrang vor der Wesenheit. Wie bereits erwähnt, ist das Sein im Hinblick auf die objektive Wirklichkeit selbstverständlich, seine innere Wirklichkeit aber ist verborgen. Sie ist vor allem deshalb verborgen, weil in unserer Subjektivität das Sein eines Gegenstandes nicht die Wirklichkeit des Seins ist.

Das wesentliche Kennzeichen des Seins ist objektive Wirklichkeit, und deshalb kann sie nicht vom menschlichen Verstand erfasst werden[27]. Wenn aber zum Beispiel vom Sein eines Menschen oder eines Baumes gesprochen

27 Vgl. Ṣadr al-Dīn Širāzī, al-Asfār, 1, S. 37f.

wird, dann wird eigentlich nur von der Wesenheit oder Washeit eines Menschen oder eines Baumes gesprochen. In diesem Sinne sind auch die zehn Kategorien des Aristoteles für Mullā Ṣadrā nur Wesenheiten. Das Sein übersteigt in Wirklichkeit alle Systematisierungsversuche.

Aber das Sein durchdringt alles und ist in allem gegenwärtig; es ist die Wirklichkeit von allen; und nichts würde ohne sie existieren. Mit der Substanz wirkt sie als Substanz; mit der Akzidens nimmt sie die Rolle des Akzidens an, aber in keinem Fall ist sie auf irgendeine von diesen Kategorien reduziert. Das gilt vor allem für Gott, der das reine und absolute Sein selbst ist. Obwohl seine Schöpfung nur eine Wiederspiegelung dieses vollkommenen Seins ist, ist Gott in ihr voll und ganz gegenwärtig, ohne durch diese Gegenwart seine Transzendenz und unveränderliche Unbedingtheit zu verlieren.

Diese Zusammenhänge erklärt Mullā Ṣadrā auch damit, indem er das Sein mit dem Licht gleichsetzt. Das Licht selbst hat keine Farbe, und selbst wenn es durch eine Anzahl von farbigen Glasscheiben hindurch gefiltert und von verschiedenen Farben durchdrungen wird, bleibt es immer wesentlich dasselbe eine farblose Licht. In ähnlicher Weise ist das Sein immer und überall dieselbe eine Wirklichkeit, aber ihre Farben oder Wesenheiten sind verschieden und mannigfaltig. Wer die Farben aber für Wirklichkeit hält und das Licht nicht kennt, das die Quelle aller Farben ist, der gleicht einem Menschen, der die Wesenheit für die Wirklichkeit hält und das Sein nur als einen gedanklichen Begriff ansieht[28].

Für Mullā Ṣadrā ist, wie gesagt, allein Gott das Sein an und für sich, und alles andere außer Ihm ist unwirklich. Gott ist der ganze Inhalt und Grund für das Dasein der gesamten geschaffenen Weltordnung. Weil die Wesenheit das Sein eingrenzt, Gott aber absolut und grenzenlos ist, kennt Gott keinerlei Wesenheit. Gott ist reines und einfaches Sein; allein das geschaffene Sein ist aus Sein und Wesenheit zusammengesetzt.

2. 4. Einheit und Abstufung des Seins

Die Lehre von der Einheit des Seins (waḥdat al-wuǧūd) und den analogen Abstufungen des Seins sind miteinander eng verbunden und bilden gleichsam den Kern von Mullā Ṣadrās gesamter Seinslehre, in der verschiedene frühere Lehren von der Einheit des Seins vereint sind. Von diesen früheren

28 Vgl. Ṣadr al-Dīn Šīrāzī, al-Asfār, 1, S. 70 f.

Lehren ist die Seinslehre Ibn ʿArabīs die bedeutendste. Ibn ʿArabī lehrt, dass es nur ein einziges Sein gibt, nämlich das Sein Gottes, neben dem nichts ist und nichts sein kann. Dementsprechend gibt es nichts, was außer Gott existiert (lā mawǧūd illā Allāh). Die Dinge, die erscheinen, sind nichts anderes als Theophanien (taǧalliyāt) des einen göttlichen Seins, das allein **ist**. Diese Betrachtungsweise der Einheit des Seins wird hypostatische Einheit (waḥda šaḫsiyya) genannt. Sie bringt die höchste Erfahrung des Einen zum Ausdruck. Diese Lehre hat Mullā Ṣadrā in seine Darlegungen der Einheit des Seins einbezogen. Er unterscheidet grundsätzlich drei Ebenen oder Stufen (marātib) des Seins: 1. das absolute Sein, 2. das absolute Sein in seiner Entfaltung und 3. das relative oder verhältnismäßige Sein[29]. Die erste Stufe ist das absolute Sein, das als solches unbedingt ist und alle Begrenzungen und sogar das Sein selbst überschreitet. Von den Mystikern wurde es als die verborgene Selbstheit (al-huwiya al-ġaybiya) , als die absolute Verborgenheit (ġayb al-muṭlaq) oder als das Wesen der Einheit (al-ḏāt al-aḥadiya) bezeichnet. Dieses Sein hat keine Namen und auch keine Eigenschaften und kann mit Hilfe des logischen Denkens weder erkannt noch wahrgenommen werden. Lediglich seine Wirkungen können erkannt und wahrgenommen werden. Das absolute Sein in seiner Entfaltung (al-wuǧūd al-muṭlaq al-munbasiṭ) ist gleichsam die erste Bestimmung (al-ta'ayyun al-awwal) der Kundgebung des absoluten Seins. Diese erste Bestimmung ist die Ursache für das Sein aller Dinge. Das relative Sein schließlich bezieht sich auf alles Seiende, das durch die erste Bestimmung ins Dasein gerufen wurde und bestimmt sich selbst auf verschiedenen Ebenen und Stufen. Das unbedingt Absolute ist als solches eins und einfach, und aus ihm entfaltet sich das Sein in seine erste Bestimmung, die auch als „erster Intellekt (al-ʿaql al-awwal)", als „heilige Ausgießung (fayd al-muqaddas) oder als die „Wirklichkeit aller Wirklichkeiten (haqīqat al-haqā'iq)" bezeichnet werden. Auch das Sein in seiner Entfaltung ist in seinem Wesen eins, verfügt aber über unendlich viele ontologische Bestimmungen. Das Vorhandensein dieser verschiedenen Seinsstufen, die sich im Kosmos kundgeben, hat seine Wurzel im sich entfaltenden Sein. Für Mullā Ṣadrā ist das Sein an und für sich Einheit, während das Seiende vielfältig ist. Die Vielheit der Dinge gehört zu den verschiedenen Arten der ersten Bestimmung. Die unendlich vielen Modalitäten des

29 Vgl. S. H. Nasr, Mullā Ṣadrā and the Doctrine of the Unity of Being, in: The Philosophical forum, vol. IV, 1972, 153-159.

Seins, welche die Wesenheiten der Dinge bilden, machen die Vielheit aus, denen der Mensch in der Welt begegnet. Wie bereits erwähnt, haben die Modalitäten des Seins oder die ontologischen Begrenzungen des Seins, die als die Wesenheiten der Dinge wahrgenommen werden, keine objektive Wirklichkeit. Die Wesenheiten sind lediglich gedachte Abstraktionen (i'tibāri). Allein das Sein ist eine objektive Wirklichkeit. Und es gibt nur die eine Wirklichkeit: das Sein (wuğūd).

Für Mullā Ṣadrā ist und bleibt das Sein das eine Sein, aber dieses Sein gibt sich auf verschiedenen Ebenen oder Stufen, die vom Vollkommenen bis zum Unvollkommenen reichen, kund. Dieses Sein als die eine und unteilbare Wirklichkeit bedeutet die transzendente Einheit des Seins (waḥdat al-wuğūd), die hinter dem Schein der Vielheit verborgen ist und diese umfasst. So ist zum Beispiel das Sein eines Menschen, eines Pferdes, einer Pflanze und eines Steines eine Wirklichkeit, der Mensch, das Pferd, die Pflanze und der Stein unterscheiden sich nach den Stufen ihrer Vollkommenheit. So ist das Sein des Menschen ohne Zweifel vollkommener als das Sein einer Pflanze oder eines Steines.

Das Vorhandensein dieser verschiedenen Seinsstufen bedeutet, dass sich das absolute Sein durch sie selbst bejaht und dabei doch immer das eine Seine bleibt. Diese Bejahung wird auch Offenbarung, Kundgebung, Entfaltung oder Bestimmung des göttlichen Seins genannt. Aus der ersten Bestimmung strömen nacheinander alle anderen Bestimmungen, die dann das gesamte kosmische Dasein bilden[30]. Auf diese Weise ist das absolute Sein die Mitte und zugleich die Quelle, um die sich konzentrisch die einzelnen Stufen ausdehnen.

Wirklichkeit wird von Mullā Ṣadrā als analoge Abstufung des Seins (taškīk al-wuğūd) bezeichnet. In diesem Sinne vollzieht sich die gesamte Schöpfung als ein Vorgang von ontologischen Abstufungen. Um die analoge Abstufung des Seines besser erklären zu können wird oft das Beispiel vom Licht erwähnt. Licht ist eine einzelne allgemeine Bezeichnung, dessen Besonderheiten auf verschiedenen Ebenen und Stufen ausgesagt werden können, wie etwa: Das Licht der Sonne, das Licht des Mondes, das Licht einer Kerze. In allen diesen Aussagen handelt es sich um Licht, aber um Licht auf unterschiedlichen Ebenen.

---

30 Vgl. Ṣadr al-Dīn Šīrāzī, al-Asfār, 1, 69.

Mullā Ṣadrā unterscheidet zwei Arten von analogen Abstufungen: 1. die besondere Abstufung (taškik al-ḫasṣ) und 2. die allgemeine Abstufung (taškīk al-'amm). Die besondere Abstufung ist die, in welcher das, was den Unterschied auf den verschiedenen Ebenen oder Stufen verursacht, dasselbe ist, was diesen Ebenen oder Stufen gemeinsam ist. Zum Beispiel ist das Licht, das als das Licht der Sonne, als Licht des Mondes oder als das Licht einer der Kerze unterschieden wird, für alle das eine Licht Die allgemeine Abstufung ist die, in welcher das, was den verschiedenen Stufen gemeinsam ist, diese nicht voneinander trennt. So reiht sich beispielsweise die Abstufung der Lebewesen in die Kette des Seins ein.

Die analoge Abstufung des Begriffs vom Sein gehört zur analogen Abstufung der Wirklichkeit des Seins in einer besonderen Art. Der Begriff des Seins bringt die unterschiedlichen Dinge in der Welt zusammen, aber er ist nicht imstande, sie auseinanderzuhalten. Die Wirklichkeit des Seins aber vereint und unterscheidet zugleich die Dinge nach ihrer Vollkommenheit oder Unvollkommenheit, Stärke oder Schwäche. Grundsätzlich kann festgestellt werden, dass alle diese Unterschiede nichts anderes sind als die Modalitäten derselben Wirklichkeit des Seins.

Die Fülle und Vielheit dieser Kundgebung verneint aber in keiner Weise die Einheit des Seins, denn die Vielheit ist in Wirklichkeit nichts anderes als die Ausdehnung der einen Wirklichkeit. So wie das Licht alles zu durchdringen vermag, dabei aber immer das eine Licht bleibt, so durchdringt das Sein alles und bleibt dabei doch immer das eine und vollkommene Sein.

Für Mullā Ṣadrā ist das absolute Sein Gott, der allein vollkommen ist; die Schöpfung dagegen ist eine hierarchische Abstufung von Kundgebungen dieses absoluten göttlichen Seins. Das geschöpfliche Sein, welches der göttlichen Quelle näher ist, ist eine stärkere Kundgebung dieses göttlichen Seins als jenes geschöpfliche Sein, das von der göttlichen Quelle weiter entfernt ist.

Wenn dieser Zusammenhang zwischen absolutem Sein und seinen Kundgebungen mit dem Begriff Wesenheit betrachtet wird, dann gilt zunächst, wie bereits gesagt, dass das Sein die Dinge vereint, während die Wesenheit die Dinge voneinander unterscheidet und trennt. Die Fähigkeit zu unterscheiden und zu trennen, die in der Wesenheit enthalten ist, geht zurück auf die erste Bestimmung des Seins. Weil in der ersten Bestimmung, die Mullā Ṣadrā „das absolute Sein in seiner Entfaltung" oder „heilige Ausgießung" nennt, die Kundgebung des Seins am stärksten ist, weil ihre Nähe zur absoluten Mitte noch sehr eng ist, kann vom trennenden Einfluss der Wesenheit noch gar nicht gesprochen werden. In gleicher Weise sind die Wesen in der Welt der reinen Intelligenzen (muǧarradat) aufgrund ihrer Nähe zur göttlichen Quelle rein und vollkommen. Wenn aber die Kundgebung des Seins sich weiter ausdehnt und sich immer mehr von der Mitte entfernt, dann wird der trennende Einfluss der Wesenheit stärker. Soweit sich diese Kundgebungen aber auch von der Mitte zu entfernen scheinen, die Mitte selbst ist in ihnen immer und überall gegenwärtig,[31] und die allumfassende Mitte als die Wirklichkeit des Seins ist zugleich die transzendente Einheit des Seins selbst. Abschließend kann festgestellt werden, dass Mullā Ṣadrā in seiner transzendenten Weisheit eine Fülle von unterschiedlichen philosophischen, mystischen und hermetischen Lehren ganzheitlich vereint und ausgearbeitet hat; er hat dafür nicht nur die Lehren Ibn Sīnās, Suhrawardīs, Abū Ḥamīd Ġhazzālīs, Mīr Dāmāds, Ibn ʿArabīs, ʿAyn al-Quḍat Hamadānīs und Maḥmud Šabistarīs herangezogen. Für Mullā Ṣadrā begann die göttliche Weisheit bereits mit dem Propheten Adam und seinem Sohn Seth, der diese Weisheit an Hermes oder den Propheten Idris weitergab, der sie dann in der ganzen Welt verbreitete. Pythagoras, Empedokles, Sokrates, Platon und Aristoteles waren für Mullā Ṣadrā die fünf Säulen der Weisheit bei den Griechen, die sie von verschiedenen Propheten überliefert bekamen, so hat Empedokles die Weisheit vom Propheten David erhalten und Pythagoras diese vom Propheten Salomon empfangen[32]. Der einzige und zugleich höchste Maßstab, dem Mullā Ṣadrā bei seinen Betrachtungen der Weisheitsformen folgte, war allein die Wahrheit selbst. Aufgrund seiner geistigen Schau war er imstande, sie im Inneren aller Weisheitsformen und aller Religionen im Zusammenhang der transzendenten Einheit der Religionen zu finden, und damit erweist er sich als ein bedeutender Vertreter der Sophia Perennis, das heißt der einen anfangslosen, „in allen Weisheitsformen sich gleichbleibenden Metaphysik“. Diese Metaphysik bezieht sich auf Wahrheiten „die dem menschlichen Geist angeboren sind, die jedoch in der Tiefe des ‚Herzens‘ – im reinen Intellekt – gewissermaßen vergraben und nur dem geistig Schauenden zugänglich sind; und dies sind die metaphysi-

31 Vgl. Ṣadr al-Dīn Šīrāzī, al-Asfār, 1, 70.

32 Vgl. dazu Sajjad A. Rizvi, Mullā Ṣadrā and Metaphysics, London 2009, 33-37.

schen Grundwahrheiten“[33]. Die wichtigste Grundwahrheit ist das Unbedingte, das letzte Eine, das gleichzeitig das unbedingte Gute ist. Auf diese eine unbedingte Wirklichkeit des Einen gründet sich Mullā Ṣadrās transzendente Weisheit, deren höchstes Ziel darin besteht, die Menschen in das Licht der göttlichen Einheit zu führen. In der Wirklichkeit dieses Lichtes, das zugleich die Wirklichkeit des Seins ist, vollendet sich der Sinn des menschlichen Daseins und Seins.

33 Frithjof Schuon, Sophia perennis, in: G. K. Kaltenbrunner (Hrsg.): Wissende, Verschwiegene, Eingeweihte. Hinführung zur Esoterik, Herderbücherei Initiative 42, Freiburg i. Br. 1981, 23.

Über den geistigen Weg in die göttliche Lichtwelt Šihāb ad-Dīn Yaḥyā Suhravardīs Symbolik vom Aufstieg und vom Abstieg der menschlichen Seele

Šihāb ad-Dīn Yaḥyā Suhravardī[1] gehört zu den bedeutendsten Metaphysikern und Mystikern der islamischen Welt. Im Mittelpunkt seines Lebens und seiner Lehre steht die Lichtmetaphysik und ihre mystische Verwirklichung, weshalb er von seinen Anhängern auch „Meister der Erleuchtung (Šaiḫ al-išrāq)" genannt wurde. In zahlreichen Werken hat er das Wesen dieser Erleuchtung beschrieben und dabei neben dem Koran und seiner mystischen Deutung (ta'wīl) auch die Philosophie Platons, hermetische und altpersische Lehren und Symbole mit einbezogen[2]. Mit Sicherheit hat er auch das berühmte „Lied von der Perle"[3] in seiner ursprünglichen parthischen Fassung gekannt, denn seine „Erzählung vom Westlichen Exil

1 Šihāb al-Dīn Yaḥya al-Suhrawardī, Qiṣṣat al-ġurba al-ġarbīya, in: Henry Corbin, Oeuvres Philosophiques et Mystiques de Shihabaddin Yahya Sorawardi (Opera metaphysica et mystica II), Bd. 2, Teheran, Paris 1952, S. 273-297. Französische Übersetzung: Le récit de l'exil occidental, in: Shihâboddîn Yahyâ Sohravardî, L'Archange empourpré, Quinze traités et récits mystiques traduits du persan et de l'arabe. Présentés et annotés par Henry Corbin, Paris 1976, S. 265-287. Deutsche Übersetzungen: 1. Die Erzählung vom abendländischen Exil, in: Ars Melanchthonica Bd 2, Schriften von Suhrawardi und Jabir ibn Hayyan (lat. Gerber), übersetzt von Isabelle Nicolas, Berlin 2002, S. 128-137. Im Folgenfen abgekürzt: Abendländisches Exil. 2. Suhrawardi, Die Erzählung vom westlichen Exil, in: Bettina Löber, Das Rauschen der Flügel Gabriels. Drei Erzählungen des „Meisters der Erleuchtung" Suhrawardi, Birnbach 2006, S. 134-172. Im Folgenden abgekürzt: Westliches Exil. Vlg. auch die ausführliche Darstellung und Deutung der „Erzählung vom abendländischen Exil" in: Henry Corbin, Le „Récit de l'exil occidental" et la geste gnostique, in: Ders., En Islam iranien. Aspects spirituels et philosophiques, Bd. 2. Sohrawardî et le Platoniciens de Perse, Paris 1971, S. 258-334. Im Folgendem abgekürzt: En Islam iranien.

2 Vgl. Stephen R. Burge, The Provenance of Suhrawardian Angelology, in: Archiv orientální (Prag), Bd. 76, 2008, S. 437-457.

3 Vgl. Paul-Hubert Poirier, L'Hymne de la Perle des Actes de Thomas, Turnhout 2021. Dt. Übersetzung der Hymne von Hans J. W. Drijvers in: Neutestamentliche Apokryphen, Bd. 2, hrsg. von Wilhelm Schneemelcher, Tübingen 1989, S. 269-348.

(qiṣṣat al-ġurba al-ġarbīya)" kann gewissermaßen als Spiegelbild zu diesem Lied betrachtet werden. Im Folgenden wird Suhravardīs Symbolik des geistigen Weges zur Erleuchtung, den er in seiner „Erzählung vom Westlichen Exil" beschrieben hat, darzustellen und zu deuten versucht. Zuvor wird ein kurzer Überblick über sein Leben und seine Werke gegeben.

1. Leben und Werk

Šihāb al-Dīn Yaḥya Suhravardī, dessen voller Name Šihāb al-Dīn Abū al-Futūḥ Yaḥya ibn Ḥabaš ibn Amīrak al-Suhravardī lautete, wurde um das Jahr 1154 in dem Dorf Suhravard in der damaligen Provinz Ǧibāl in Persien geboren. Über seine Familie und seine Kindheit ist nichts bekannt. Er studierte Philosophie und Theologie zuerst in Marāġa bei Maǧd al-Dīn al-Ǧīlī, der auch der Lehrer des berühmten Faḫr ad-Dīn al-Rāzī (1148-1209) gewesen war. Anschließend studierte er in Mārdīn, einer Stadt in Anatolien, bei Faḫr al-Dīn al-Mardīnī (gest. 1198) und schließlich bei Ẓahīr al-Fārisī (oder al-Qārī), der ihn in die Philosophie und Mystik Avicennas (Ibn Sīnā) einführte. Nach Abschluss seiner Studien begab sich Suhravardī auf die Wanderschaft, die ihn durch Persien, Anatolien und das nördliche Syrien führte. Dabei kam er offensichtlich auch in die Stadt Harran (heute in der Türkei gelegen), die ungefähr 600 Jahre früher zum Perserreich gehört hatte und in die Damaskios (462-538), das letzte Oberhaupt der neuplatonischen Akademie in Athen, im Jahr 531 mit seinem Schüler Simplikios (490-560) und weiteren fünf Anhängern emigrierte, nachdem die Akademie auf Befehl von Kaiser Justinian I. geschlossen worden war. Der arabische Gelehrte Abu l'-Ḥasan 'Alī al-Ḥusain al-Mas'ūdī (895—957) berichtete, dass in Harran eine von Simplikios gegründete Akademie noch im Jahr 943 existiert habe. Ob von dieser Akademie noch Spuren vorhanden waren, als Suhrvardī in diese Stadt kam, ist nicht bekannt. Suhravardī lehrte an verschiedenen Orten; zugleich hat er auf seinen Wanderungen viele Sufimeister getroffen und ihre Unterweisungen empfangen. Auf diese Weise konnte er sein mystisch-metaphysisches Wissen erweitern und vertiefen und auf dem mystischen Weg voranschreiten. Um 1183 kam er nach Aleppo, das im selben Jahr von Sultan Saladin (1137-1193) erobert worden war. Saladin setzte hier seinen dritten Sohn Malik al-Ẓāhir Ġazī (1172-1216) als Gouverneur ein. Suhravardī wurde am Hof dieses noch jugendlichen Gouverneurs als Lehrer und Berater tätig. Hier entstand 1186 auch sein Hauptwerk „Weisheit der Erleuchtung“. Bald kam es aber zu Auseinandersetzungen zwischen Suhravardī und den Rechtsgelehrten in Aleppo, die ihn des Unglaubens bezichtigten und bei Sultan Saladin anzeigten. Im Jahr 1191 wurde Suhravardī auf Befehl Saladins hingerichtet, und deshalb wurde und wird ihm auch der Beiname maqtul (der Getötete) gegeben.

Außer seinem bereits erwähnten Hauptwerk „Weisheit der Erleuchtung “(ḥikmat al-išrāq) verfasste Suhrvardī noch folgende Werke: „Andeutungen (al-talwīḥāt)“, „Gegenreden (al-muqāwamāt)“ und „Pfade und Diskussionen (al-mašāri'wal-muṭāraḥāt)“. Außerdem schrieb er in arabischer und persischer Sprache eine Reihe kleinerer Schriften, in denen bestimmte Themen aus den vorher genannten Werken entfaltet wurden. Dazu gehören: „Die Tempel des Lichts (hayākil-e nūr)“, „Die 'Imād al-Dīn gewidmeten Tafeln (al-alwāḥ al-'imadiyya)“, „Das Buch der Erleuchtung (partawnāma)“, „Über das Glaubenssymbol der Philosophen (fī i'tiqād al-ḥukamā`)“, „Lichtblitze (al-lamaḥāt)“, „Von der Erkenntnis Gottes (yazdān šināḫt)“ und „Der Garten der Herzen (bustān al-qulūb)“. Ferner stammen aus der Feder Suhrawardis in persischer Sprache folgende Schriften über den mystischen Weg: „Die rote Intelligenz ('aql-i-surḫ)“, „Das Rauschen der Flügel Gabriels (āwāz-i par-i ǧibra'īl)“, „Die Erzählung vom westlichen Exil (qiṣṣat al-ġurba al-ġarbīya)“, „Die Sprache der Ameisen (luġat-i mūrān)“, „Abhandlung über den Zustand der Kindheit (risāla fi ḥālat al-ṭufūliyya)“, „Ein Tag mit einer Gemeinschaft von Sufis (rūzī bā ǧamā'at-i ṣūfiyān)“, „Abhandlung über die nächtliche Himmelfahrt (risāla fi'l-mi'rağ)“, „Der Gesang des Simurgh (ṣafīr-i sīmurg)“, „Abhandlung über die Wirklichkeit der Liebe (risāla fi ḥaqīqat al-'išq)“ und schließlich auch „Anrufungen und Gebete (al-wāridāt wa'l-taqdīsāt)“.

2. Erzählung vom westlichen Exil

In der Einleitung zu seiner „Erzählung vom westlichen Exil“ stellt Suhravardī zunächst fest, dass er Avicennas „Erzählung Ḥayy ibn Yaqẓān (Der Lebendige, Sohn des Wachenden)“ und die „Erzählung von Salamān und Absāl“[4] gelesen habe, aber in ihnen keine Erklärung der höchsten geistigen

4 Vgl. Henry Corbin, Avicenne et le récit visionnaire, Paris 1999.

Erfahrung gefunden habe, die im Koran auch als „grosse Erschütterung (al-ṭāmmatu l-kubrā)“[5] bezeichnet wird. Weil er eine solche Erklärung nicht gefunden habe, will er den Weg zu dieser höchsten Erfahrung oder Erleuchtung mit seiner Erzählung beschreiben. Damit beginnt die eigentliche Erklärung.

2. 1. Sturz in die Finsternis

Der Erzähler, das ist, wie Suhravardī im Nachwort dieser Erzählung erklärt, er selbst. Zuerst berichtet er , dass er mit seinem Bruder ʿAsim (der Unverletzliche) aus dem Gebiet jenseits des Flusses in die Länder des Westens gereist war, um am Ufer des grünen Meeres Vögel zu jagen. Dieser Aufbruch ist der Beginn des geistigen Weges, der eine Suche nach der Erkenntnis der höchsten göttlichen Wahrheiten darstellt. Der Erzähler und sein Bruder sind Söhne von al-Hādī Ibn al-Chair (wörtlich: Führer, Sohn des Guten) des Jemeniten, der somit ihr „Vater“ ist. Suhravardī bezeichnet mit „Vater“ den Engel der Menschheit, den Heiligen Geist, den Erzengel Gabriel (Ǧibrīl), der für die Menschen der Noûs patrikos ist, den wirkenden Intellekt (al-ʿaql al-faʿʿāl / intellectus agens) der avicennischen Philosophen und entsprechend der Engellehre Avicennas die zehnte Intelligenz in der Engel-Hierarchie[6], die der „Vater“ aller Lichtseelen ist.

Der Beiname des „Vaters“, den der Erzähler mit „Jemenit“ angibt und die Herkunft der Brüder von jenseits des Flusses weisen auf den „Osten“ hin, der im Sinne einer Topographia spiritualis als die Lichtwelt des Vaters zu verstehen ist. Von dieser Lichtwelt reisen die Brüder, das heißt die Seelen, zur Vogeljagd an das grüne Meer, was auf seelische Bewegungen hinweist. Dabei geraten sie offensichtlich ohne Absicht zu nahe an die westliche Welt in die Stadt Qairawān (Kairuan, Stadt in Tunesien), die ein Bild für die Finsterwelt ist. Als die Bewohner „dieser Stadt, deren Bewohner Unterdrücker sind“[7], erfahren, dass die Brüder Söhne von Ibn al-Chair sind, werden sie von ihnen sogleich in Ketten gelegt und in einen endlos tiefen

5 Koran 79, 34.

6 Vgl. Henry Corbin, En Islam iranien, Bd. 2, S. 273. Über die Entstehung dieser Engel-Hierarchien und ihre Bedeutung siehe Henry Corbin, Le paradoxe du monothéisme, in: Eranos-Jahrbuch, Bd. 45, Leiden, S. 69-133, besonders S. 110.Deutsche Übersetzung von Felix Herkert: Das Paradoxon des Monotheismus, in: Spektrum Iran, 33. Jg., Nr. 1 / 2, 2020, S. 1-71, besonders S. 49.

7 Vgl. Koran 4, 77.

Brunnen[8] geworfen, über dem sich ein Schloß mit vielen Türmen befand. Das Schloß ist ein Bild für die himmlischen Sphären, die vom Fixsternhimmel beherrscht werden, in dem sich die Sternbilder des Tierkreises befinden. Den Brüdern wurde mitgeteilt: „Ihr begeht keinen Fehler, wenn ihr des nachts und entkleidet zum Schloss hinaufgeht. Wenn aber der Tag anbricht, müsst ihr unbedingt wieder in den Brunnen hinuntersteigen"[9]. Die Nacht eröffnet den Eingang in die übersinnliche Welt und ist der Anfang des geistigen Weges in die engelhafte Lichtwelt. Die Nacktheit symbolisiert das Freisein der Seelen von den Ketten der materiellen Finsterwelt. Am Tag aber bleibt die Tür zur geistigen Welt verschlossen.

In den Nächten, in denen die Seelen zum Schloss aufgestiegen waren und aus den Fenstern der Türme schauten, kamen Tauben aus dem Jemen, das heißt aus der Lichtwelt und berichteten über dortige Ereignisse. Manchmal wurden die Seelen auch kurz von Blitzen erleuchtet. Dies alles und der duftende Wind des Arak-Baums weckte in den Brüdern die Sehnsucht nach der jenseitigen Heimat.

Die befreienden Wirkungen des nächtlichen Aufstiegs waren aber immer nur von kurzer Dauer, bis schließlich in einer Vollmondnacht ein Wiedehopf (hudhud)[10] mit einem Brief „aus einem Tiefen Gebüsch von der rechten Seite des Tales in der gesegneten Ebene"[11] erschien und „sichere Neuigkeiten aus dem Reich von Saba (bilqīs)"[12], das heißt aus der Lichtwelt brachte. Der Brief enthielt eine Botschaft von al-Hādī, ihrem Vater, der sie aufforderte, sich sofort aus der Gefangenschaft zu befreien. Diese Botschaft traf zu einem Zeitpunkt ein, da die Seelen eine Stufe erreicht hatten, um auf Weg der Rückkehr in die Lichtwelt des Vaters unverzüglich voranzuschreiten. Dazu gibt der Vater in seinem Schreiben folgende Hinweise: „O du, wenn du dich und deinen Bruder befreien willst, wartet nicht länger mit der Reise. Macht euch an unserem Seil fest, das heisst, an den Knoten vom

8 Vgl. Henry Corbin, Die smaragdene Vision, Der Licht-Mensch im persischen Sufismus. Aus dem Französischen übertragen und hrsg. von Annemarie Schimmel, München 1989, S. 42 f.

9 Abendländisches Exil, S. 129.

10 Vgl. Koran 27, 20 ff. Der Koran berichtet, dass der Wiedehopf eine Nachricht der Königin von Saba an König Salomon (Suleimān) überbringt.

11 Vgl. Koran 28, 30. S. 130

12 Vgl. Koran 27, 22. S. 130

Drachen des lunaren Himmels, dem Tor zur geistigen Welt, welcher über die Gestade der Finsternis herrscht“[13].

Das Seil, dass als Lichtstrahl verstanden werden muss und von Suhravardī als Drache bezeichnet wird, „ist ein Sternbild und das fünfte Zeichen im chinesischen Tierkreis. Kopf und Schwanz des Drachens sind die sogenannten ‚Drachenpunkte‘, die Mondknoten, an denen die Umlaufbahn des Mondes die (scheinbare) Umlaufbahn der Sonne schneidet. Alchemisch gesehen werden an diesem Punkt Sol und Luna, Geist und Seele vereint. Bei dem Knoten am Kopf des Drachen, also am Schnittpunkt der aufsteigenden Bahn, beginnt die heilige Sphäre oberhalb der Gebiete der Finsternis. Von hier aus wird das Lichtseil in den Brunnen herabgelassen“[14]. Mit dem Festmachen am Lichtseil beginnt der eigentliche Rückweg zum Vater in der Lichtwelt, der die Brüder auffordert, Frau, Familie und alles andere aufzugeben. Das bedeutet, dass die Begierdeseele getötet werden muss, damit die Seele auf ihrem Weg weiter aufsteigen kann. Und schließlich befiehlt der Vater seinen Söhnen: „Besteig‘ das Schiff und sprich: ‚Im Namen Gottes möge es fahren und zum Hafen gelangen‘[15]“[16].

2. 2. Die Fahrt mit der Arche Noah

Dann beginnt die eigentliche Reise zum Aufstieg der Brüder, und der Erzähler berichtet, dass der Wiedehopf ihnen voranflog. „Die Sonne stand genau über uns, als wir am Ende des Schattens ankamen“[17], das heisst, am Ende der stofflichen Welt, die eine Welt der Täuschungen ist. Aus dieser Welt führt der geistige Weg, der von Suhravardi als Schifffahrt beschrieben wird. „Wir bestiegen das Schiff, das uns „‘in Wellen hineinbrachte, welche so hoch wie Berge aufragten‘[18]. Wir hatten vor, den Sinai zu besteigen, um das Heiligtum unseres Vaters zu besuchen“[19]. Mit dieser Schiffsreise beginnt eine neue Stufe auf dem Weg zur Lichtwelt. In den Stürmen des Meeres verliert der Erzähler seinen Sohn und wirft seine Amme in die Wellen. Damit ist das Loslassen von Täuschungen angedeutet. „Die vollbela-

13 Abendländisches Exil, S. 130.
14 Westliches Exil, S. 150.
15 Vgl. Koran 11, 43.
16 Abendländisches Exil, S. 131.
17 Abendländisches Exil, S. 131.
18 Vgl. Koran 11, 44.
19 Abendländisches Exil, S. 131.

dene ‚Arche'[20] fuhr an den Inseln ‚Gog und Magog (Ya'ǧūǧ wa Ma'ǧūǧ)'[21] und auf der linken Seite des Berges ‚al-Ǧūdī'[22] vorbei"[23]. Gog und Magog bezeichnen im Koran zwei feindliche Völker, die von Ḏū l-qarnain (der mit den zwei Hörnern, das ist Alexander der Große) bekämpft und besiegt wurden. Unter Einbeziehung weiterer koranischer Bilder spricht der Erzähler: „Dschinnen waren bei mir, die ich für mich arbeiten liess; und ich verfügte über die Quelle der Kupferschmelze. Zu den Dschinnen sprach ich: ‚Pustet auf das Eisen, bis es zu Feuer wird und ich die Kupferschmelze darauf werfe'[24]. Dann errichtete ich einen Festungswall und wurde von ‚Gog und Magog getrennt'[25]"[26]. Suhravardī macht damit deutlich, dass der durch die Schiffsreise geistig gereifte und verwandelte Mensch über dieselben Kräfte verfügt wie Alexander der Große und König Salomon, um sich gegen die Verwüstungen von Gog und Magog durch einen gleichsam magischen Festungswall zu schützen. Am Berg al-Ǧūdī landete die Arche Noah, was als ein Hinweis auf den Lichtberg des Vaters verstanden werden kann. Die erwachte Seele, welche die Schiffsreise bestanden und sich dadurch verwandelt hat, verfügt, wie gezeigt wurde, nun über Fähigkeiten, die Suhravardī mit Hilfe alchemistischer Bilder und Symbole beschreibt[27]. Nach der Vereinigung der Seele mit dem Geist führt der Weg die Lichtseele weiter zur Überwindung der Sphären. Der Erzähler spricht in diesem Zusammenhang rätselvolle Worte: „Dann nahm ich die beiden Bürden mit den Sphären und steckte sie zusammen mit den Dschinnen in eine runde Flasche, die ich selbst hergestellt hatte und auf welcher sich Muster befanden, die aus Linien bestanden, welche Kreise bildeten"[28]. Mit den beiden Bürden oder Lasten sind die Menschen und die Dschinnen (ǧinnī), die Gott aus rauchlosem Feuer geschaffen hat. Die kreisförmigen Muster auf der

20 Vgl. Koran
21 Vgl. Koran 18, 93.
22 Vgl. Koran 11, 45.
23 S. 132.
24 Vgl. Koran 18, 95.
25 Vgl. Koran 18, 95.
26 Abendländisches Exil, S. 132.
27 Über die Geschichte der Alchimie und ihre Bedeutung in den islamischen Ländern siehe Fuat Sezgin, Geschichte des arabischen Schrifttums, Bd. IV, Alchimie – Chemie, Botanik-Agrikultur bis ca. 430 H., Leiden 1971, S. 1-299.
28 Abendländisches Exil, S. 133.

Flasche symbolisieren den Mikrokosmos. Dann beschrieb der Erzähler die eigentliche Verwandlung mit folgenden Worten:„Als ich mich in der Mitte der Himmel befand, schnitt ich die Wasserströme ab. Und als diese nicht mehr zur Mühle flossen, brach das Gebäude zusammen, die Luft entfloh himmelwärts. Ich warf die Sphäre der Sphären in den Himmel, so dass sie Sonne, Mond und alle Sterne zerrieb"[29]. Damit bricht die gesamte bisherige Ordnung zusammen; und aus diesem mikro- und makrokosmischen Zusammenbruch, der alles Bisherige auslöscht, ersteht eine neue lichtvolle Welt. Und der Erzähler berichtete weiter, wie er nach der letzten Erlösung von den menschlichen Sinnen endlich den rechten Weg fand: „Ich floh aus den vierzehn Sarkophagen und den zehn Gräbern, aus denen Gottes Schatten aufsteht, so dass er ‚allmählich zur hieratischen Welt hingezogen wird'[30]. Ich fand den Weg zu Gott. Dann erkannte ich: 'Dies ist mein Weg, das ist der rechte Weg'[31]"[32]. Damit wurde dem Erzähler die höchste geistige Erfahrung, das heisst die „große Erschütterung"[33] zuteil. Im Lichte dieser Erleuchtung sieht er „eine Lampe, in der sich Öl befand. Aus ihr strahlte ein Licht, das sich überall im Haus verbreitete. Auch die Nische, in der die Lampe stand, war aufgehellt und die Bewohner des Hauses waren wie Flammen im Licht der Sonne, die vor ihnen aufging. Ich setzte die Lampe in das geöffnete Maul einer Drachenschlange, die im Schloss des Wasserrades lebte. Darunter lag das Rote Meer; darüber waren Sterne, deren strahlende Orte niemand ausser ihrem Schöpfer und denjenigen, ‚die von Weisheit durchdrungen sind'[34] kennen"[35]. Das geöffnete Maul in der Drachenschlange „ist das astronomische Bild für einen der beiden Schnittpunkte, in denen die Umlaufbahn des Mondes die scheinbare Umlaufbahn der Sonne schneidet. Dieser Drache wohnt im Sternbild eines Rades, nämlich des Tierkreises. Unter ihm liegt das Rote Meer, die irdische Welt, in der das Licht mit der Finsternis vermischt ist, woraus sich eine rötliche Trübung ergibt"[36]. In der Folge lässt der Erleuchtete auch die Einflüsse des Tierkreises

29 Abendländisches Exil. S. 133.
30 Vgl. Koran 25, 47.
31 Vgl. Koran 6, 154.
32 Abendländisches Exil, S. 133.
33 Koran 79, 34.
34 Vgl. Koran 3, 5.
35 Abendländisches Exil, S. 133 f.
36 Westliches Exil, S. 166.

hinter sich und steigt zu den himmlischen Körpern, deren Musik ihn mit großer Freude erfüllte. Der Klang dieser Töne wiederholt sich in ihm solange, „bis sich die weisse Wolke auflöste und die Membran (Plazenta) entzweigerissen wurde“[37]. Damit vollendet sich die Geburt des göttlichen Lichtmenschen.

2. 3. An der Quelle am Berg Sinai

Der neugeborene göttliche Lichtmensch trat aus den Geburtsgrotten heraus und berichtete: „Ich ging zur Quelle des Lebens. Dann erblickte ich die Fische, die bei der Quelle versammelt waren. Sie genossen die Ruhe und die Milde des Ortes im Schatten des erhabenen Gipfels. ‚Was ist denn dieser hohe Berg? Was ist dieser grosse Felsen?‘, fragte ich“[38]. Ein Fisch antwortete ihm: „Das ist das, wonach du dich sehr gesehn hast. Dieser Berg ist der Sinai und dieser Felsen das Heiligtum deines Vaters“[39]. Auf seine Frage, wer die Fische sind, wurde ihm geantwortet: „Es sind die, die dir gleich sind. Ihr seid die Söhne desselben Vaters. Sie mussten eine ähnliche Prüfung wie du bestehen. Es sind deine Brüder“[40]. Nachdem der Erzähler voller Freude die Fische umarmt hatte, stieg er auf den Berg, der als ein mystischer Berg gedeutet werden muß, und sprach: „Ich erblickte unseren Vater, den Grossen Weisen. Er war so gross, dass sich Himmel und Erde in seinem Licht fast aufspalteten. Ich war erstaunt und sprachlos, ging zu ihm hin, und er begrüsste mich zuerst. Ich verbeugte mich vor ihm bis zur Erde. Das Licht, das mein Vater ausstrahlte, löschte meine menschliche Existenz aus“[41]. Nachdem der Erzähler eine zeitlang geweint hatte, beklagte er sich bei seinem Vater über das Gefängnis in der Stadt Quairawān. Der Vater antwortete ihm: „Nur Mut! Nun bist du gerettet. Aber du musst unbedingt in das abendländische Exil zurückgehen, denn du bist noch nicht vollständig erlöst“[42]. Wegen dieser Worte, die ihn zum Abstieg in die irdische Finsterwelt auffordern, ist der Erzähler verzweifelt. Der Vater aber sprach zu ihm: „Deine Rückkehr in das Exil ist unausweichlich. Aber ich habe zwei gute

37 Abendländisches Exil, S. 134.
38 Abendländisches Exil, S. 135.
39 Abendländisches Exil, S. 135.
40 Abendländisches Exil, S. 135.
41 Abendländisches Exil, S. 135.
42 Abendländisches Exil, S. 135.

Neuigkeiten für dich. Die erste ist, dass es, wenn du erst einmal wieder in dein Gefängnis zurückgekehrt bist, dir möglich sein wird, erneut und ohne Schwierigkeiten zu uns zu gelangen, wann immer es dir passt. Die zweite Neuigkeit ist, dass du schliesslich ganz befreit wirst. Du wirst dich uns anschliessen und das Exil des Westens für immer verlassen“[43]. Diese Worte erfüllten den Sohn mit großer Freude. Der „Vater“ der Engel der Menschheit, der Heiligen Geist, der Erzengel Gabriel (Ǧibrīl), der für die Menschen der Noûs patrikos und der „Vater“ aller Lichtseelen ist, erklärte ihm anschließend, dass sich über dem Berg Sinai noch ein anderer Sinai befindet, und der Vater erklärt weiter: „Es der Berg meines Vaters und Grossvaters, demjenigen, zu welchem ich ein ähnliches Verhältnis habe, wir du nun zu mir. Und wir haben noch andere Ahnen. Unsere Abstammung geht bis zu einem König zurück, der der Höchste Ahne ist und selbst weder Vater noch Grossvater hat. Wir sind seine Diener. Wir verdanken ihm unser Licht. Unser Feuer entnehmen wir seinem Feuer. Er besitzt die beeindruckendste Schönheit aller Schönheiten, die erhabenste Majestät, das ergreifendste Licht. Er steht über dem, was darüber ist. Er ist das Licht des Lichtes und über dem Licht, der Ewigkeit und in alle Ewigkeit. Er gibt allem sein Licht ,und vor seinem Antlitz wird alles ausgelöscht‘[44]“[45]. Die mystische Erfahrung dieses „Lichtes über dem Licht (nūrun ʾala nūrin)“[46] ist Ziel und Inhalt des geistigen Weges, der aus der Finsterwelt in die göttliche Lichtwelt führt. Suhravardī hat diesen Weg auf vielfältige Weise beschrieben. Seine sehr kurze „Erzählung vom westlichen Exil“ ist einzig und allein diesem Weg gewidmet. Er beendet sie mit einem kurzen Gebet: „Errette uns, O mein Gott, aus dem Gefängnis der Natur und den Verstrickungen der Materie! Und sprach: ‘Ruhm dem einen Gott! Er wird euch Zeichen geben, dann werdet ihr sie erkennen. Dein Herr zeigt Aufmerksamkeit für das, was ihr tut‘[47]! Sprich: ‚Ruhm dem einen Gott! Doch wissen die meisten von ihnen nicht, was sie tun“[48].

43 Abendländisches Exil, S. 136.
44 Vgl. Koran 28, 28.
45 Abendländisches Exil, S. 136.
46 Koran 24, 35.
47 Vgl. Koran 27, 95.
48 Vgl. Koran 31, 24.

3. Zum Abschluss

Suhravardī hat in seiner „Erzählung vom westlichen Exil" den geistigen Weg zum Aufstieg in die göttliche Lichtwelt mit einer Fülle von Bildern und Symbolen geschildert, um damit die stufenweise Verwandlung der Seele deutlich zu machen. Vor allem Bilder aus der Alchemie sind dazu sehr gut geeignet. Grundsätzlich gilt, dass eine geistige Erfahrung auf der Verwirklichung von entsprechenden Wahrheiten beruht. Solche Wahrheiten können in Theologumena, Philosophemen, Bildern und Symbolen ihren Ausdruck finden. Ihre Verwirklichung bringt Erfahrungen hervor, die einen Weg anzeigen können. Suhrwardī hat in seinem Hauptwerk „Philosophie der Erleuchtung (ḥikmat al-išrāq)"[49] festgestellt, dass seine Philosophie nicht durch „Nachdenken" entstanden ist, sondern sich vielmehr auf mystische Erfahrungen und Eingebungen gründet, die ihm in der Einsamkeit des geistigen Weges zuteilwurden[50]. Weil diese Erfahrungen das Vernunftdenken weit übersteigen, sind sie nicht unmittelbar zu beschreiben, sondern müssen in eine metaphysische und symbolische Sprache übersetzt werden. Suhrawardī unterscheidet in seiner Philosophie der Erleuchtung grundsätzlich zwischen diesen mystischen Erfahrungen und dem diskursiven Denken. Dementsprechend richtet er seine Philosophie der Erleuchtung an diejenigen, „die zugleich nach der göttlichen Weisheit und nach diskursiver Erkenntnis streben"[51]. Der Vorrang gebührt aber immer der mystischen Erfahrung. Die niedrigste Stufe, auf der sich ein Leser seines Buches (Philosophie der Erleuchtung) befinden muss, „besteht darin, dass ihm das Aufblitzen des göttlichen Lichtes zuteilgeworden ist"[52]. Wer sich dagegen nur auf der Ebene des schlussfolgernden Denkens bewegt, dem nützt die Philosophie der Erleuchtung überhaupt nicht. Das Aufblitzen des göttlichen Lichtes weist auf den mystischen Weg hin, der zur höchsten Erleuchtung durch das göttliche Licht selbst führt. Das objektive Wissen von diesem lichthaften Weg und seinen verschiedenen Stufen macht das eigent-

49 . Shihāb al-Dīn al-Suhrawardī, Philosophie der Erleuchtung Ḥikmat al-Ishrāq. Aus dem Arabischen übersetzt und hrsg. Von Nicolai Sinai, Berlin 2011. Im Folgenden abgekürzt: Philosophie der Erleuchtung.

50 . Vgl. Suhrawardī, Philosophie der Erleuchtung, S. 9.

51 Suhrawardī, Philosophie der Erleuchtung, S. 13.

52 Suhrawardī, Philosophie der Erleuchtung, S. 13.

liche Wesen der Metaphysik des Lichts aus. Mit anderen Worten, die Metaphysik des Lichts ist die objektive Lehre vom mystischen Weg zur göttlichen Erleuchtung. Metaphysische Lehre und mystischer Weg zum göttlichen Licht bilden auf diese Weise eine unlösbare Einheit. Nachdrücklich betont Suhravardī, dass seine Metaphysik des Lichts und ihre mystische Erfahrung „mit der mystischen Erfahrung des mächtigen und erleuchteten Platon, des Führers und Meisters der Philosophie, und aller, die ihm von Hermes, dem Vater der Philosophie, bis zu seiner eigenen Zeit vorausgegangen sind, unter ihnen solche gewaltigen Größen der Philosophie wie Empedokles und Pythagoras. Die Worte der Alten sind symbolisch und können nicht Gegenstand einer Widerlegung sein; selbst wenn eine solche Widerlegung auf den Wortlaut ihrer Äußerungen zielt, so trifft sie doch nicht deren eigentlichen Sinn, denn ein Symbol kann nicht widerlegt werden“[53]. Dies gilt auch für die vorislamischen persischen Überlieferungen und ihre Symbole. Alle diese Symbole können deshalb nicht vom diskursiven Denken widerlegt werden, weil sie über dieses Denken weisen und es übersteigen. Es ist allein der Geist (al-'aql / νοῦς / intellectus), der in einem Akt unmittelbarer Erkenntnis diese jenseitigen Wahrheiten erkennen kann, die sich auf einer gleichsam überbewussten Ebene von Ursprüngen und Prinzipien befinden. Auf dieser Ebene ist der Akt der geistigen Erkenntnis eins mit dem Akt des Seins. Das griechische Wort Symbol (σύμβολον) leitet sich vom Verb συμβάλλειν bzw. συμβάλλεσθαι ab, die beide zusammenwerfen, zusammenfügen, sammeln und vergleichen bedeuten; und diese Verbformen weisen so auf einen Akt der Vereinigung und des Erkennens hin, der nach den Worten Platons plötzlich entsteht „wie ein Feuer, das von einem übergesprungenen Funken entfacht wurde (ἐξαίφνης, οἷον ἀπὸ πυρὸς πηδήσαντος ἐξαφθὲν φῶς, ἐν τῇ ψυχῇ γενόμενον αὐτὸ ἑαυτὸ ἤδη τρέφει)“[54]. Im Lichte dieses aufblitzenden Funkens werden alle Teilinhalte in eine lichtvolle Einheit zusammengefasst. Diese Art und Weise der symbolischen Erkenntnis gilt auch für Suhravardīs „Erzählung vom westlichen Exil“, in der sich der geistige Aufstieg der Seele von Symbol zu Symbol und das heißt von Stufe zu Stufe bis in die göttliche Lichtwelt vollzieht und vollendet.

53 Suhrawardī, Philosophie der Erleuchtung, S. 10 f.

54 Platon, Siebenter Brief, 341 cd.

Die mystisch-metaphysische Erkenntnis der Wirklichkeit Gottes

Über den Unterschied zwischen göttlicher Wesenheit und göttlichen Energien oder Eigenschaften bei Gregorios Palamas und Ibn ʿArabī

Eine Gegenüberstellung

ὁ θεὸς φῶς ἐστιν
καὶ σκοτία ἐν αὐτῷ οὐκ ἔστιν οὐδεμία.
Gott ist Licht –
und in ihm ist keine Finsternis.
نُورٌ عَلَى نُورٍ يَهْدِي اللَّهُ لِنُورِهِ مَنْ يَشَاءُ
Licht über Licht –
Gott leitet zu Seinem Licht wen Er will.

Für den byzantinisch-christlichen Theologen und Mystiker Gregorios Palamas, Erzbischof von Thessaloniki und einen der bedeutendsten Vertreter des Hesychasmus[1], und den islamischen Mystiker und Sufimeister Ibn ʿArabī bezieht sich die Erkenntnis der Wirklichkeit Gottes allein auf die göttlichen Energien oder Eigenschaften und nicht auf die unzugängliche und verborgene Wesenheit Gottes, die alles Sein und damit auch alle Erkenntnis auf unaussprechliche Weise übersteigt. Die göttliche Wesenheit und die göttlichen Energien oder Eigenschaften sind aber nicht voneinander getrennt, sondern innerhalb der göttlichen Wirklichkeit nur unterschieden; und sie bilden trotz dieses Unterschiedes eine unauflösbare Einheit.

1 Mit Hesychasmus (vom griechischen Wort ἡσυχία = Stille) wird eine Form der ostkirchlichen Mystik bezeichnet, die ihren Ursprung bei den Wüstenvätern hat und später von Symeon dem Jüngeren Theologen (949-1022) und seinen Nachfolgern auf dem Berg Athos methodisch weiterentwickelt wurde. Die Hauptübung der Hesychasten besteht im immerwährenden Gebet, in der Anrufung des Namens Jesu, die zur Schau desselben unerschaffenen Lichtes führt, das Jesus auf dem Berg Tabor umstrahlte. Vgl. Mt 17, 1-8.

Diese Lehren vom innergöttlichen Unterschied bilden sowohl bei Gregorios Palamas als auch bei Ibn ʿArabī die Grundlage für ihre mystische Gottesschau. Im Folgenden werden die Grundzüge dieser Lehren dargelegt und einander gegenübergestellt. Die Gegenüberstellung soll vor allem der wechselseitigen Erhellung dienen. Dabei gilt es zu beachten, dass beide Mystiker verschiedenen Religionen und damit verschiedenen Offenbarungskreisen angehören, die hier aber nicht nur äußerlich einander gegenübergestellt werden. Vielmehr geht es darum, den inneren Aufbau der innergöttlichen Unterscheidung zwischen göttlicher Wesenheit und göttlichen Energien oder Eigenschaften von Gregorios Palamas und Ibn ʿArabī in ihrer grundlegenden Bedeutung für die Richtigkeit des geistigen Weges zur Gottesschau mit Blick auf die innere und transzendente Einheit der Religionen aufzuzeigen. Zuvor aber werden einige kurze Angaben über Leben und Werk von Gregorios Palamas und Ibn ʿArabī vorangestellt.

1. Leben und Werk von Gregorios Palamas[2]

Gregorios Palamas wurde Ende 1296 oder Anfang 1297 als Sohn einer vornehmen Familie in Konstantinopel geboren. Sein Vater war ein enger Vertrauter des byzantinischen Kaisers Andronikos II. Palaiologos. Nach seinen philosophischen Studien begab er sich um 1316 auf den Berg Athos, wo er

2 Über Leben und Werk von Gregorios Palamas und den Palamismus vgl. Daniel Stiemon, Bulletin sur le Palamisme, in: Revue des études byzantines, Bd. 30, 1972, S. 231-241; Hans-Georg Beck, Kirche und theologische Literatur im byzantinischen Reich, München 1977, S. 712-757; Michael Kunzler, Palamas, Gregorios, in: Biographisch-Bibliographisches Kirchenlexikon, Bd. 6, Herzberg 1993, S.1447-1451; Michael KUNZLER, Porta Orientalis. Fünf Ost-West-Versuche über Theologie und Ästhetik der Literatur, Paderborn 1993, S. 6-124; Grigorio Palamas, Atto e Luce Divina, Scritti filosofici e teologici, Testo greco a fronte. Introduzione, traduzione, note e apparati di Ettore Perrella, Mailand 2003; Grigorio Palamas, Da Sovraessenziale all'Essenza, Confutazioni, Discussioni, Scritte confessionali, Documenti dalla Prigionia fra i Turchi, Testo greco a fronte. Introduzione, traduzione, note e apparati di Ettore Perrella, Mailand 2005; Georgi Kapriev, Philosophie in Byzanz, Würzburg 2005, S. 249-308; Grigorij Palama, in: Pravoslavnaja Enciklopedija, Bd. 13, Moskau 2006, S. 8-41; Mikonja Kneževič, Gregory Palamas (1296-1357): Bibliography, in: Bibliographia serbica theologica (BST), hrsg. von Radomir Popovič, Bd. 7, Belgrad 2012; Constatinos Athanasopoulis (Hg.), Orthodox Mysticism and Ascetism, Philosophy and Theolog< in St Gregory Palamas' Work, Cambridge 2020.

Mönch wurde und sich der geistlichen Führung des Hesychasten Nikodemos unterstellte. Anschließend lebte er im Kloster Megisti Lavra, zog sich aber nach drei Jahren in eine Einsiedelei zurück, wo Gregorios Sinaites (1260-1346) sein geistlicher Meister war. Aufgrund von häufigen Türkeneinfällen musste er für einige Zeit den Athos verlassen und ging nach Thessaloniki, wo er 1326 zum Priester geweiht wurde. Später kehrte er auf den Athos zurück und begann dort um 1334 zahlreiche moralisch-asketische und hagiographisch-liturgische Werke zu verfassen. In dieser Zeit bekämpfte Barlaam von Kalabrien (1290-1348) die hesychastischen Lehren. Gregorios begann dessen Angriffe vor allem in seinem Hauptwerk „Hyper tōn hierōs hesychazontōn (Die Verteidigung der heiligen Hesychasten" (Triaden) zu widerlegen, und 1341 wurde Barlaam auf der Synode in Konstantinopel zurechtgewiesen und verurteilt. Danach musste sich Gregorios mit dem Theologen Gregorios Akindynos (ca. 1300-1348) auseinandersetzen, der inzwischen zu seinem Hauptgegner geworden war. Akyndinos wurde auf einer zweiten Synode im Jahr 141 in Konstantinopel verurteilt. In den politischen Wirren, die im selben Jahr durch den Streit um die Neubesetzung des byzantinischen Kaiserstuhls ausgelöst wurden und zu einem Bürgerkrieg führten, der bis 1347 andauerte, hatte Gregorios für eine bestimmte Zeit die Unterstützung von Seiten des Patriarchen verloren. 1343 wurde er verhaftet und kam wegen seiner Beziehungen zu Johannes Kantakuzenos, der Anspruch auf den Kaiserthron erhoben hatte, für vier Jahre in Klosterhaft. Ein Jahr später wurde er vom Patriarchen aus der Kirche ausgeschlossen. Nachdem Katakuzenos 1374 als Kaiser Johannes VI. den Thron bestiegen hatte, wurde Gregorios zum Erzbischof von Thessaloniki ernannt, konnte diese Amt aber erst 1350 antreten. Ein Jahr später wurde ein Konzil in Konstantinopel einberufen, das unter dem Vorstand von Kaiser Johannes VI tagte und auf dem die Lehren von Gregorios Palamas endgültig und offiziell als Lehre der Kirche anerkannt wurden. Barlaam und Akyndinos wurden erneut verurteilt. Ein weiterer Gegner des Hesychasmus war Nikephoros Gregoras (1295-1359/61), dessen Einwände Palamas in einem öffentlichen Disput, der in Gegenwart des Kaisers stattfand, aber gründlich zu entkräften vermochte. Auf einer Schiffsreise, die Gregorios Palamas von Thessaloniki nach Konstantinopel zu Kantakuzenos bringen sollte, geriet das Schiff in Seenot und wurde dadurch gezwungen, in der Nähe von Gallipoli zu landen, wo der Erzbischof mit seinem Gefolge von den Türken gefangen genommen wurde und ungefähr ein Jahr in ihrer Gefangenschaft verblieb. Die Türken behandelten den Erzbischof von Thessaloniki durchaus ehrenhaft; schließlich wurde er von serbischen Fürsten freigekauft und konnte nach Konstantinopel und später nach Thessaloniki zurückkehren[3]. Hier starb er am 14 November 1359 und wurde in der Sophienkathedrale, der Kathedrale von Thessalonike beigesetzt. Auf einer Synode im Jahr 1364 wurde er vom Patriarchen Philotheos Kokkinos heiliggesprochen. Sein Fest wird in allen orthodoxen Kirchen in größerem Rahmen am zweiten Sonntag der Großen Fastenzeit gefeiert; ursprünglich feierte man es in Thessaloniki am 13. November zusammen mit dem Fest des heiligen Johannes Chrysostomos.

2. Leben und Werk von Ibn ʿArabī[4]

Ibn al-ʿArabī, dessen voller Name Muḥyī ad-Dīn Abū ʿAbd Allāh Muḥammad b. ʿAlī b. Muḥammad b. al-ʿArabī al-Hātimī al-Tāʾi lautet, stammt aus einer alten arabischen Familie. Er wurde am 7. August 1165 in Murcia in Andalusien geboren. Mit acht Jahren kam er nach Sevilla, wo er Koran, Ḥadīṯ, arabische Grammatik und islamische Gesetzeskunde (fiq) studierte. Bereits in seiner Kindheit wurden ihm geistige Erlebnisse zuteil, die sein weiteres Leben entscheidend geprägt haben. Aus seinen Aufzeichnungen geht hervor, dass er auf seinem geistigen Weg bedeutenden Meistern begegnet ist. 1190 verließ Ibn al-ʹArabī seine andalusische Heimat zum ersten Male und reiste nach Tunis, wo er mit berühmten Sufi-Meistern zusammentraf. Nach kurzem Aufenthalt kehrte er jedoch wieder nach Sevilla

3 Vgl. Anna Philippidis-Braat, La Captivité de Palamas chez les Turcs: Dossier et Commentaire, in: Travaux et Mémoires, 7, 1979, S. 109-221; Gregorio Palamas, Scritti e Documenti dalla Prigonia fra i Turchi, Lettera alle sua Chiesa, in: Gregorio Palamas, Dal Sovraessenziale all'Essenza, Mailand 2005, S. 1466-1525.

4 Vgl.Yahya Osman, Histoire et classification de l'oeuvre d'Ibn ʿArabī, 2 Bde., Damaskus 1964. Werke über Leben und Werk Ibn ʿArabīs in westlichen Sprachen: Henry Corbin, L'imagination créatrice dans le soufisme d'Ibn ʿArabî, Paris 1858; Toshihiko Izutsu, Sufism ans Taoism. Comparative Study of Key Philosophical Concepts, Berkeley 1983; Michael Chodkiewicz, Le Sceau des Saints. Prophétie et Sainteté dans la doctrine d'Ibn ʿArabî, Paris 1986 ; William C. Chittick, The Sufi Path of Knowledge, New York 1989; Ders., The Self-Disclousure of God, New York 1998; Claude Addas, Ibn ʿArabī ou La quête du Soufre Rouge, Paris 1998; Stephen Hirtenstein, The Unlimited Mercifier: The Spiritual Life and Thought of Ibn Arabi, Oxford 1999.

zurück. 1194 machte er sich erneut auf den Weg nach Tunis und reiste ein Jahr später nach Fez und kehrte dann wieder nach Cordova zurück, wo er am Begräbnis von Ibn Rušd (Averroes) teilnahm. Als Jugendlicher war er diesem großen Gelehrten begegnet und hatte darüber einen ausführlichen Bericht verfasst. Im Jahre 1202 verließ er seine Heimat endgültig und reiste über Tunis, Kairo und Jerusalem nach Mekka, wo der Anblick der Kaaba einen neuen und bedeutsamen Abschnitt in seinem Leben einleitete. Hier begann er mit der Niederschrift seines größten Werkes „al-Futūhāt al-Makkiyya (Mekkanische Eröffnungen)", und hier traf er auch die kluge und schöne 'Ain al-Šams wa-l Bahā' Nizām, der er seine Gedichtsammlung „Tarǧumān al-ašwāq (Der Übersetzer der Sehnsüchte)" widmete. Im Jahr 1204 verließ Ibn al-'Arabī die Heilige Stadt und wanderte nach Bagdad und Mosul und erreichte 1205 Malatya. Im selben Jahr folgte er einer Einladung des Sultans von Konya, wo später der große Ǧalāl al-Dīn Rūmī (1207- 1273) lebte und starb. In den folgenden Jahren hielt er sich wieder in Jerusalem, Kairo und Aleppo auf und kam wiederholt nach Mekka. Nach weiteren Reisen ließ sich der Meister 1230 in Damaskus nieder, wo er sein berühmtes Alterswerk „Fuṣūṣ al-Ḥikam (Fassungen der Weisheit)" schrieb und die „Mekkanischen Eröffnungen" vollendete. Am 16. November 1240 starb er in Damaskus, wo sich auch sein Grab befindet.

3. Über den Unterschied zwischen göttlicher Wesenheit und göttlichen Energien bei Gregorios Palamas

Die Lehre von der göttlichen Wesenheit und den göttlichen Energien bildet die Mitte der Theologie und Mystik von Gregorios Palamas. Sie steht aber nicht für sich allein, sondern ist mit der Lehre vom dreifaltigen Gott zutiefst verbunden. Diese Lehre, die Palamas von den griechischen Kirchenvätern übernommen und in seinem geistigen Leben verwirklicht hat, wurde von ihm im Verlauf seiner Auseinandersetzungen mit ihren Gegnern weiter ausgestaltet und hat auf der Synode von 1351 in Konstantinopel ihre endgültige Form und uneingeschränkte Anerkennung erhalten. Eine Zusammenfassung findet sich in seinem Glaubensbekenntnis (Ὁμολογία τῆς ὀρθοδόξου πίστεως, ἐκτεθεῖσα παρὰ τοῦ ἱερωτάτου Μητρροπολίτου Φεσσαλονίκης κυρίου

Γρηγορίου Παλαμᾶ)[5], das als eine Entfaltung der drei ersten Glaubensartikel des Nicaenums betrachtet werden kann. In diesem Bekenntnis stellt er die Lehre von der göttlichen Wesenheit und den göttlichen Energien im Zusammenhang mit anderen dogmatischen Lehren in folgenden Sätzen kurz dar: „Deshalb wird der Heilige Geist nicht allein von dem Sohne, sondern auch von dem Vater und durch den Sohn gesandt. Denn ein gemeinsames Werk ist die Sendung, das heißt die Offenbarung des Geistes. Er offenbart sich nicht in seinem Wesen (οὐσία), denn niemand hat jemals Gottes Wesen (φύσις Θεοῦ) gesehen und ausgesagt, sondern in der Gnade (χάρις) und der Kraft (δύναμις) und der Energie (ἐνέργεια), die dem Vater, dem Sohne und dem Heiligen Geist gemeinsam sind. Einem jeden von diesen eignet nämlich seine eigene Gestalt (ὑπόστασις) [Person], und was sie auf sie bezieht. Gemeinsam aber ist ihnen nicht nur die überwesentliche Wesenheit (ὑπερούσιος οὐσία), die ganz und gar ohne Namen (ἀνωνυμος) und unaussprechlich (ἀνέκφαντος) und ohne Mitteilung (ἀμέθεκτος) ist, die sie über aller Benennung und Aussage und Teilhabe ist. Sondern (gemeinsam ist) auch die Gnade und die Kraft und die Energie und die Herrlichkeit und das Reich und die Unverweslichkeit und überhaupt alles, worin Gott Gemeinschaft schenkt und sich in Gnade mit den heiligen Engeln und Menschen vereinigt. Aber ohne dabei durch die Teilung und Unterscheidung der Gestalten, noch durch die Teilung und Vielfalt der Kräfte und Energien aus der Einfachheit herauszufallen. So ist bei uns Ein allvermögender Gott in Einer Gottheit. Denn aus endlichen Gestalten [Personen] könnte nie eine Synthese entstehen, noch könnte man wahrhaftig das (göttliche) Vermögen – weil es Kraft oder Kräfte hat – allein um seiner Macht willen zusammengesetzt nennen“[6].Was in diesem Bekenntnis in kurzer zusammengefasster Form über die Wesenheit Gottes, seine Energien im Zusammenhang mit

5 Iōannēs N. Karamirēs, Ta dogmatika kai symbolika mnēmeia tēs Orthodoxou Katholikēs Ekklēsias /Dogmatica et symbolica monumenta orthodoxae catholicae ecclesia, Bd. 1, Athen 1952, S. 343-346. Deutsche Übersetzung: Das Glaubensbekenntnis des Gregor Palamas, in: Wort und Mysterium. Der Briefwechsel über Glauben und Kirche 1573 bis 1581 zwischen den Tübinger Theologen und dem Patriarchen von Konstantinopel, hrsg. vom Außenamt der Evangelischen Kirche in Deutschland, Witten 1958, S. 220-224. Im Folgenden abgekürzt als Glaubensbekenntnis. Über die Bedeutung dieses Glaubensbekenntnisses vgl. Hildegard Schaeder, Das Glaubensbekenntnis des Gregor Palamas, in: theologia 27 (1956), S. 283-294.

6 Glaubensbekenntnis, S. 221 f.

der göttlichen Dreifaltigkeit gesagt wurde, wird im Folgenden ausführlicher darzulegen und zu verstehen versucht.

3. 1. Die Wesenheit Gottes

Im Sinne der apophatischen Tradition, in der Gregorios Palamas steht, werden die Ausdrücke Wesenheit und Natur von Gregorios synonym gebraucht[7]. Sie sind aber eigentlich nicht auf Gott anwendbar, weil Gott alles übersteigt, denn „jede Natur (φύσις) ist der göttlichen Natur (θεία φύσις) im höchsten Grade fern und vollkommen fremd. Denn wenn Gott Natur ist, ist alles andere Nicht-Natur; wenn aber alles andere Natur ist, ist er Nicht-Natur, so wie er nicht ist, wofern andere Wesen sind. Ist er aber der Seiende, dann sind die anderen nicht seiend“[8].

Gott ist also „nicht Natur, da er jede Natur überragt; er ist nicht seiend, da er alles Seiende übersteigt ... nichts Geschaffenes kann je Gemeinschaft oder Nähe zur höchsten Natur erlangen“[9]. Deshalb bezeichnet Palamas die verborgene unerkennbare Wirklichkeit Gottes auch als Über-Gott (ὑπέρθεος)[10] oder als Überwesenheit (ὑπερουσιότης)[11]. Diese Überwesenheit Gottes kann „weder ausgesprochen noch gedacht noch gesehen werden, denn sie ist in allen Dingen entrückt und mehr als unerkennbar, da sie von den unfasslichen Kräften der himmlischen Geister getragen wird, unerkennbar und unaussprechlich für alle und auf immer. Es gibt keinen Namen, weder in dieser noch in der zukünftigen Welt, um sie zu nennen, kein Wort, das sich in der Seele fände und durch die Zunge ausgesprochen werden könnte, keine Berührung durch die Sinne oder durch das Denken, kein Bild, das irgendeine Erkenntnis von ihr vermitteln könnte, außer der völligen Unerkennbarkeit, die man ihr zuschreibt, indem man alles, was ist und genannt werden kann, von ihr ausschließt. Niemand der wirklich die

---

7 Über die ursprüngliche vorchristliche Bedeutung von οὐσία und φύσις vgl. Martin Heidegger, Einführung in die Metaphysik, Tübingen 1953, S. 48 f.

8 Gregoriou Palama Syngrammata, hrsg. P. Chrestou u. a., Bd. 5, Thessalonike 1992, S 79. Im Folgenden abgekürzt: Syngrammata. Die deutsche Übersetzung der „Hekaton Pentēkonta Kephalaia (150 Kapitel)“ stützt sich teilweise auf die „150 physische, theologische, ethische und praktische Kapitel“, in: Philokalie der heiligen Väter der Nüchternheit, Bd. 4, Schriftleitung: Gregor Hohmann und Dietmar Süssner, Würzburg 2004, S. 321-421.

9 Gregoriou Palama Syngrammata, Bd. 5, 1992, S. 79.

10 Gregoriou Palama Syngrammata, Bd. 1, 2. Aufl. 1988, S. 545.

11 Gregoriou Palama Syngrammata, Bd. 2, 1966, S. 242.

Wahrheit sucht, die über aller Wahrheit steht, kann sie Wesenheit oder Natur im eigentlichen Sinn nennen“[12]. Sie kann aber insofern als Wesenheit oder Natur bezeichnet werden, als sie die Ursache (αἰτία) aller Dinge ist[13].

3. 2. Die göttlichen Energien und Kräfte

Aus der unerkennbaren und unzugänglichen Verborgenheit der göttlichen Wesenheit gehen Energien und Kräfte hervor, die ungeschaffen und insofern auch Gott sind. Sie unterscheiden sich von der göttlichen Wesenheit, sind aber nicht von ihr getrennt. Durch sie vermag der Mensch an der Wirklichkeit Gottes teilzuhaben. „Was teilhaben (μετέχειν) genannt wird, hat einen Teil von etwas, durch das man am Ganzen teilhat; denn das Anteilhaben nicht eines Teiles, sondern eines Ganzen, wird im eigentlichen Sinne besitzen genannt, nicht aber teilhaben; das Teilgehabte ist also teilbar, weil der Teilhabende an einem Teil teilhat; das Wesen Gottes ist aber gänzlich unteilbar, also ist es auch gänzlich unteilbar“[14]. Eine derartige Teilhabe an der göttlichen Wesenheit ist allein für die drei göttlichen Personen gegeben. Der Mensch kann an der göttlichen Wesenheit als solcher aber nicht teilhaben, sondern nur an ihren Energien. Palamas verdeutlicht diesen Unterschied zwischen der verborgenen göttlichen Wesenheit und den aus ihr sich kundgebenden Energien mit dem Gleichnis von der Sonne, aus der ihre Strahlen hervorgehen und alles auf der Erde erwärmen, erhellen und beleben[15]. In diesem Gleichnis versinnbildlicht die Sonne das göttliche Wesen, und die Sonnenstrahlen sind die Energien, die auf die Erde scheinen und auf sie einwirken. Dieses „Licht der Sonne ist untrennbar mit dem Strahl und der durch ihn gespendeten Wärme verbunden“[16]. Dementsprechend gilt, dass „Gott in jeder seiner Energien ganz gegenwärtig ist“[17].

3. 3. Göttliche Wesenheit, Energie und dreifaltige Gottheit

Palamas stellt grundsätzlich fest, dass bei Gott dreierlei zu unterscheiden sind: „Wesenheit, Energien und die Dreiheit der göttlichen Personen

12 Gregoriou Palama Syngrammata, Bd. 2, 1966, S. 242.
13 Vgl. Gregoriou Palama Syngrammata, Bd. 5, 1992, S. 93.
14 Gregoriou Palama Syngrammata, Bd. 5, 1992, S. 95 f.
15 Vgl. Gregoriou Palama Syngrammata, Bd. 5, 1992, S. 74.
16 Gregoriou Palama Syngrammata, Bd. 5, 1992, S. 89.
17 Gregoriou Palama Syngrammata, Bd. 1. 2. Aufl, 1988, S. 663.

(τριάδος ὑποστάσεων θείων)“[18]. Er trennt die göttliche Wesenheit nicht von den Personen der Dreifaltigkeit, denn der eine unteilbare Gott ist in ihnen vollständig gegenwärtig. Dennoch kann von einem gewissen Unterschied zwischen Wesenheit und Personen gesprochen werden, denn“ die Dreifaltigkeit Gottes ist nicht seine Wesenheit“[19]. Im Hinblick auf die Energie stellt Palamas fest, dass diese der Dreifaltigkeit in ihrer Ganzheit zu eigen ist. „Gott ist selbst in sich selbst (Ὁ Θεὸς αὐτός ἐστιν ἐν ἑαυτῷ), da sich die drei göttlichen Personen natürlicherweise, gänzlich, ewig, unausweichlich, ja zugleich auch unvermengt und unvermischt aneinanderhalten und sich gegenseitig durchdringen, so dass auch ihre Wirkung (ἐνέργεια) eine einzige ist“[20]. „Da der Vater und der Sohn und der Heilige Geist unvermischt und unvermengt ineinander sind, wodurch wir genau wissen, dass ihre Bewegung und Energie eine einzige ist, darum ist das Leben und die Kraft, die der Vater in sich besitzt, nicht etwas Anderes neben dem Sohn, da dieser dasselbe Leben und dieselbe Kraft besitzt wie er. So verhält es sich offensichtlich sowohl mit dem Sohn als auch mit dem Heiligen Geist“[21]. Weil diese drei göttlichen Personen eine einzige Energie besitzen, „ist auch die gesamte Schöpfung ein einziges Werk der drei“[22]. Diese Schöpfung darf aber, was aber nach dem Gesagten vollkommen klar sein dürfte, weder mit der ungeschaffenen Wesenheit Gottes noch mit seinen göttlichen Energien gleichgesetzt werden. Die Schöpfung ist das Ergebnis der göttlichen Energien oder Wirkungen, und alles Geschaffene wird auch von ihnen im Dasein gehalten. Die göttliche Schöpfertätigkeit verändert aber in keiner Weise das göttliche Sein oder Über-Sein selbst. Der von Gott geschaffene Mensch, in dem alles geschaffene Seiende zu einem Mikrokosmos zusammengefasst ist, hatte ursprünglich unmittelbar Anteil an den göttlichen Energien und Gnadenwirkungen. Durch den Sündenfall ist diese Verbindung mit dem Menschen zerbrochen worden, der dadurch dem Tod ausgeliefert wurde.

---

18 Gregoriou Palama Syngrammata, Bd. 5, 1992, S. 77.

19 Monach‘ Vasilij, Asketičeskoe i bogoslovskoe učenie sv. Grigorija Palamy, in: Seminarium Kondakovianum VIII, Prag 1936, S. 99-151; deutsche Übersetzung: Mönch WASSILIJ (Vasilij Aleksandrovič KRIVOŠEIN), Die asketische und theologische Lehre des hl. Gregorius Palamas, Aus dem Russischen übersetzt von P. Hugolin Landvogt, Würzburg 1939, S. 41.

20 Gregoriou Palama Syngrammata, Bd. 5, 1992, S. 97.

21 Gregoriou Palama Syngrammata, Bd. 5, 1992, S. 97 f.

22 Gregoriou Palama Syngrammata, Bd. 5, 1992, S. 97.

Erst durch die Inkarnation des Logos erfolgte die Neuschöpfung der menschlichen Natur; dadurch wurden die Menschen erneut befähigt, die durch das energetische Hervortreten des dreifaltigen Gottes nach außen wirkende Gnade zu empfangen. Die Lehre des Gregorios Palamas von der Unterscheidung zwischen göttlicher Wesenheit, göttlicher Dreiheit und göttlichen Energien erweist sich auf diese Weise auch als grundlegend für das Verständnis der Schöpfung der Welt, des Menschen, seines Falls und seiner Erlösung, was aber hier nicht im Einzelnen aufgezeigt werden kann.

Die folgende Skizze veranschaulicht die Lehre des Gregorios Palamas über die Unterscheidung zwischen göttlicher Wesenheit und göttlichen Energien oder Wirkungen und weist auch auf die Grenze der menschlichen Gotteserkenntnis hin.

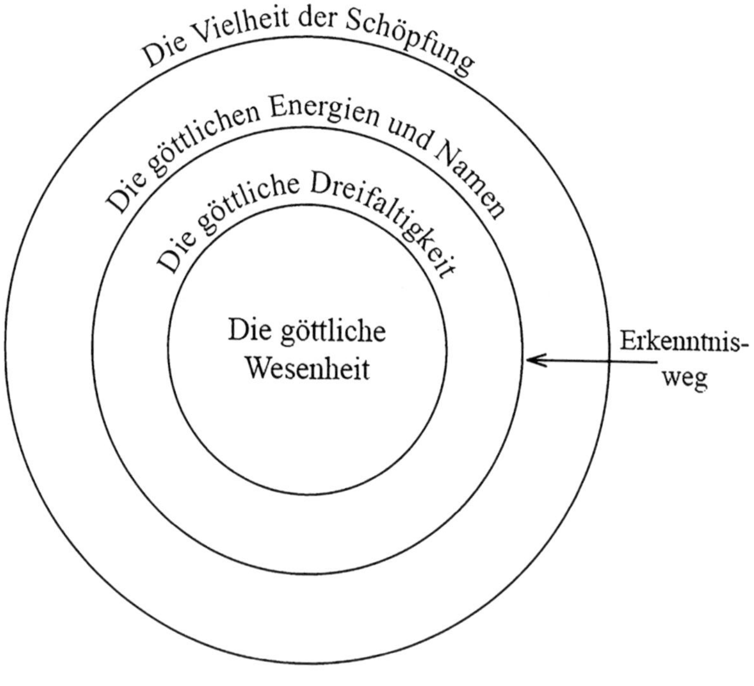

4. Über den Unterschied zwischen göttlicher Wesenheit und göttlichen Eigenschaften bei Ibn ʿArabī[23]

Die Unterscheidung zwischen göttlicher Wesenheit (الذات / al-ḏāt) und göttlichen Eigenschaften (الصفات الإلهية / al-ṣifāt al-ilāhiyya) oder Namen als Verhältnis von Einheit zur Vielheit betrachtet werden. Um die Unterscheidung von göttlicher Wesenheit und göttlichen Eigenschaften bei Ibn ʿArabī aber besser verstehen zu können, ist es angebracht, diese Unterscheidung im Zusammenhang mit seiner Lehre von der göttlichen Einheit (وحدة الوجود / waḥdat al-wuǧūd) kurz darzulegen; diese Lehre beruht auf seiner umfassenden geistigen Schau. „Einheit des Seins" besagt im Wesentlichen, dass das Sein der höchsten göttlichen Wirklichkeit (حق / ḥaqq) ein einziges Sein ist und gleichsam als erste von allen Bestimmungen verstanden werden muss; weil sie als solche die unbedingte Wirklichkeit uneingeschränkt bejaht, hebt sich diese erste Bestimmung des Seins vom Unbedingten ab, und dieses Unbedingte als solches ist die unbestimmbare Wesenheit (ḏāt). Die erste Selbstbestimmung des Seins dagegen wird höchste Einheit genannt. In der arabischen Sprache hat das Wort „Einheit" verschiedene Bezeichnungen und Bedeutungen. Wenn aus der Einheit jede Art von Vielheit ausgeschlossen wird, dann wird diese Einheit als höchste Einheit (أحادية / al-aḥadiyya) bezeichnet. Wenn sich dagegen die Einheit auf die Vielheit bezieht, dann wird sie als Einzigkeit (الواحدية / al-waḥidiyya) bezeichnet. Diesen Anblicken der göttlichen Einheit entsprechen auch die Abstufungen des Seins (مراتب الوجود / marātib al-wuǧūd). Im Folgenden werden die göttliche Wesenheit und die Anblicke der göttlichen Einheit, die alle miteinander verbunden sind, im Einzelnen betrachtet:

4. 1. Die göttliche Wesenheit (*الذات* / al-ḏāt) und die höchste Einheit (*الأحادية* / al-aḥadiyya)

Metaphysisch betrachtet stimmen göttliche Wesenheit al-ḏāt und höchste Einheit al-aḥadiyya vollständig überein. Die göttliche Wesenheit al-ḏāt ist aufgrund ihrer Unbedingtheit unbestimmbar. Sie ist das Unbestimmteste

23 Die folgenden Ausführungen über Ibn ʿArabīs Unterscheidung zwischen göttlicher Wesenheit und göttlichen Eigenschaften stützen sich vor allem auf sein Spätwerk „Fassungen der Weisheit (Fuṣūs al-Ḥikam) sowie auf ein ungedrucktes Manuskript von Titus Burckhardt über die Grundbegriffe von Ibn ʿArabīs Metaphysik. Auf ausführliche Stellenangaben wurde weitgehend verzichtet.

alles Unbestimmbaren (أنكر النكرات / ankar al-nakirāt), das absolute Mysterium (غيب مطلق / ġaib muṭlaq) oder das Mysterium der Mysterien (غيب الغيوب / ġaib al-ġuyūb). Deshalb kann über diese göttliche Wesenheit eigentlich nur auf apophatische Weise gesprochen werden. Sie ist unfassbar, unerkennbar, ohne jeden Namen, und sie gibt sich auf keine Weise kund. Sie ist gleichsam das innerste Selbst der göttlichen Wesenheit und wird von Ibn ʿArabī auch als Wesenheit des Seins (ذات الوجود / al-ḏāt al-wuǧūd) oder absolutes Sein (الوجود المطلق / al-wuǧūd al-muṭlaq) bezeichnet.

Die höchste Einheit kann, wie gesagt, in keiner Weise erkannt werden. Sie ist der höchste Anblick von allen Anblicken der göttlichen Einheit und wird im Arabischen als aḥadiyya bezeichnet. Der Begriff aḥadiyya ist vom Eigenschaftswort „ein" (أحد / aḥad) abgeleitet, das sich in der 112. Sure (al-iḫlāṣ) findet, die auch als surat at-tawḥīd (Sure der Einheit) bezeichnet wird: „Sprich: Allāh ist einer (aḥad). Allāh ist der Unbedingte (الصمد / aṣ-ṣamad). Er zeugt nicht und wird nicht gezeugt. Und es gibt nichts, das Ihm gleicht"[24]. Die höchste Einheit schließt somit jede Zweiheit und jedes Zeugen und Gezeugt-Werden im Unbedingten (aṣ-ṣamad) aus und kennt keinen Unterschied in sich selbst. Sie ist die ewige Selbstkundgebung der einen unbedingten Wirklichkeit in sich selber. In dieser Einheit erkennt sich die Gottheit allein in sich selbst. Symbolisch kann die höchste und ausschließliche Einheit gleichsam als äußerer Anblick des ununterscheidbaren Gehalts der göttlichen Wesenheit (ḏāt) angesehen werden. Die göttlichen Namen und Eigenschaften sind in dieser Einheit noch nicht unterschieden; sie sind eine bloße Möglichkeit im Inneren dieser Einheit, gleichsam in einem Schatz verborgen, gemäß der bereits angeführten heiligen Überlieferung (ḥadīṯ qudsī), in der Gott spricht: „Ich war ein verborgener Schatz und wollte erkannt sein, da erschuf ich die Welt". Aus dieser für den Menschen unzugänglichen und unerkennbaren Verborgenheit der göttlichen Wesenheit und höchsten Einheit fließt die göttliche Einzigkeit aus, die von denjenigen, die den geistigen Weg beschreiten, erkannt werden kann.

4. 2. Die göttliche Einzigkeit (الواحدية / al-wāḥidiyyah) und die göttlichen Eigenschaften (الصفات الإلهية / al-ṣifāt al-ilāhiyya)

Der Ausdruck göttliche Einzigkeit (al-wāḥidiyyah) ergibt sich aus dem Wort „einzig (وَاحِد / wāḥid)" in der Sure „Die Kuh (al-baqara)", in der es heißt: „Euer Gott ist ein einziger Gott (وَإِلَـٰهُكُمْ إِلَـٰهٌ وَاحِدٌ / ilāhukum ilāhum

24 Koran 112.

wāḥid)“[25]. Diese Einzigkeit geht aus dem heiligsten Überfluss (الفيض الأقدس / al-faiḍ al-aqdas) der höchsten Einheit hervor und bildet auf diese Weise gleichsam deren äußeren Anblick. Die Einzigkeit ist auf das Bedingte ausgerichtet und bildet dementsprechend jenen Anblick der Einheit, der sich auf die Vielheit bezieht. Auf dieser Ebene offenbart sich Gott in seinen Namen und Eigenschaften und sie wird deshalb auch Ebene der göttlichen Namen und Eigenschaften (asmā‘ wa ṣifāt) genannt. Ihren äußeren Anblick bilden die unwandelbaren Wesensgründe oder Archetypen (a'yān aṯ-ṯābita).

4. 3. Die göttlichen Namen (الأسماء الإلهية / al-asmā‘ al-ilāhiyya) und Eigenschaften (الصفات الإلهية / al-ṣifāt al-ilāhiyya)

Die göttlichen Namen entsprechen den göttlichen Eigenschaften, denn sie können gleichsam als Ausdruck der unmittelbaren göttlichen Eigenschaften verstanden werden. Im Bereich der reinen Geistigkeit gibt es keinen Unterschied. „Die Namen Gottes aber sind endlos, - denn man erkennt sie durch das, was aus ihnen stammt und was endlos ist… ‚[al-Qashāni:] Die endlosen Namen sind die abgeleiteten Namen, die Quellen der Tätigkeit und Ämter, welche auf die Namen der Wesenheit zurückgehen. Dass sich die umfassendsten Anblicke der Wesenheit zahlenmäßig begrenzt ausdrücken lassen, während die Anblicke der Kundgebungen zahlenmäßig endlos sind, beruht darauf, dass es im höchsten Bereich keine trennenden Unterscheidungen gibt; die Zahl hat hier nicht mengenhaften, sondern nur sinnbildlichen Wert. Ein Beispiel dafür, wie eine endlose Vielfalt auf zahlenmäßig begrenzte Wurzeln zurückgeführt werden kann, ist die endlos unterscheidbare Abstufung der Farben, die sich auf die Grundfarben zurückführen lässt, welche zwar äußerlich die Möglichkeiten der Farbe nicht erschöpfen, sinnbildlich und begrifflich aber den ganzen endlos teilbaren Farbenkreis erfassen. Obwohl das Allheitliche unerschöpflicher ist, als die Kundgebung, kann es einfach genannt werden, während die Kundgebung nie einfach ist‘. In Wahrheit gibt es aber nur eine einzige Urwahrheit, welche allen diesen Beziehungen und Verhältnissen, die die göttlichen Namen genannt werden, zu Grunde liegt. Aus der Urwahrheit ergibt sich, dass jedem der ohne Ende auftretenden Namen eine Wahrheit eigen sei, kraft welcher er sich von anderen Namen unterscheidet, der Name selbst ist“[26]. Nach Ibn ʿArabī kann

25 Koran 2, 163. Vgl. Dtn 6, 4: Höre Israel: Der Herr unser Gott, ist ein (einziger) Herr.

26 Muhyi –d-dīn Ibn-'Arabī al-Hātimī, Die Fassungen der Weisheit (FUSUS AL-HIKAM), Übersetzung von acht ausgewählten Kapiteln aus dem Buch „Fassungen der

die ganze Fülle der göttlichen Namen auf die begrenzte Zahl von sieben zurückgeführt werden, die gleichsam die sieben Mütter der göttlichen Namen bilden, nämlich das göttliche Wissen (ʿilm) von allen im Sein enthaltenen Möglichkeiten, der göttliche Wille (irāda), die göttliche Macht (qudra), das göttliche Leben ḥayāt), das göttliche Gehör (sam'), das göttliche Antlitz (baṣar) und die göttliche Rede (kalām). Grundsätzlich gilt, dass in jedem einzelnen Namen alle anderen Namen enthalten sind, weil sie alle auf die eine Wesenheit der göttlichen Wirklichkeit hinweisen und zu ihr zurückkehren. Zugleich gilt aber auch, dass jeder einzelne Name seine eigene und unabhängige Wirklichkeit hat. Unter dem Anblick der Vielheit stellt jeder dieser Namen eine Beziehung (nisba) zwischen der absoluten Wirklichkeit und der Wirklichkeit des Kosmos her. Jeder einzelne Name bedarf eines einzelnen Wesens als Ort (maḥall) seiner Offenbarung, das heißt jedes einzelne Wesen oder Ding ist ein solcher Ort, wo sich ein einzelner Name kundgibt. Kein einzelnes Wesen und damit auch kein Mensch kann aufgrund seiner Begrenztheit die in der Fülle der göttlichen Einzigkeit enthaltene Fülle aller göttlichen Namen aufnehmen; dies vermag nur die Welt als Ganzes. Als einzige Ausnahme davon nennt Ibn ʿArabī den vollkommenen Menschen (al-insān al-kāmil), der im Unterschied zum gewöhnlichen Menschen die ganze Fülle der göttlichen Namen in sich zu verwirklichen mag. Der höchste Name der göttlichen Wirklichkeit ist Allah, der alles Sein, Dasein und Nichtsein umschließt. Neben dem Namen Allah gilt auch der Name al-Raḥmān (der Allbarmherzige) als höchster göttlicher Name. Für Ibn ʿArabī bildet er gleichsam den göttlichen Urakt, der die Dinge ins Dasein bringt. Gott in seiner Barmherzigkeit ist überfließend von Güte und grenzenlos so weitreichend, dass sogar der göttliche Zorn (ġaḍab) ein Ausdruck dieser Barmherzigkeit ist. Weil ihr aber nichts vorausgeht, dem sie ein Sein zu verleihen vermag, schenkt sie es sich selbst. Diese Selbst-Barmherzigkeit bringt die Barmherzigkeit ins Sein und bildet die erste Stufe ihrer Offenbarung, die auch als Barmherzigkeit der Wesenheit (الرحمة الذاتية / al-raḥmā al-ḏātiyya) bezeichnet wird. Die zweite Offenbarungsstufe besteht in der Bildung der göttlichen Namen und der unwandelbaren Wesensgründe oder Archetypen. Schließlich offenbart sich

Weisheit" mit Auszügen aus dem Kommentar von Sheikh ʿAbd ar-Razzāq al-Qašānī und Erläuterungen von Titus BURCKHARDT, hrsg. mit einem Vorwort von Roland PIETSCH, in: Spektrum Iran – Zeitschrift für islamisch-iranische Kultur, 21. Jg. Heft 3, 2008, S. 22 f. Im Folgenden abgekürzt: Ibn ʿArabī: Die Fassungen der Weisheit.

die göttliche Barmherzigkeit durch die heilige Ausgießung (الفيض المقدس / al-faiḍ al-muqaddas).

4. 4. Die unwandelbaren Wesensgründe (الأعيان الثابتة / al-aʿ yān al-ṯābita) und die Schöpfung (خلق / ḫalq)

Das Ausfließen oder die Auswirkung der göttlichen Barmherzigkeit aus der einen göttlichen Wirklichkeit in die Vielfalt der Welt erklärt Ibn ʿArabī mit Hilfe des „Odems des Allbarmherzigen (نفس الرحمن / al-nafas al-raḥmān)", der seinen Ursprung im äußeren Anblick der göttlichen Einheit (al-aḥadiyya) hat, wo sich die göttliche Wirklichkeit aus Liebe nach außen hin kundgeben will. Ibn ʿArabī beschreibt das Ausatmen dieses göttlichen Odems mit Hilfe der bereits erwähnten heiligen Überlieferung (ḥadīt qudsī): „Ich war ein verborgener Schatz und wollte erkannt werden, deshalb schuf ich die Welt". Das bedeutet, dass die göttliche Barmherzigkeit und Liebe der eigentliche Beweggrund für alle göttlichen Bewegungen zur Schöpfung hin sind. Mit anderen Worten, die göttliche Liebe ist das Geheimnis der Schöpfung (sirr al-ḫalq). Die göttliche Liebe und Barmherzigkeit sind eins. Damit die göttliche Bewegung zur Schöpfung ermöglicht werden kann, bedarf es der göttlichen Möglichkeiten, die als unwandelbare Urbestimmungen, Wesensgründe oder Archetypen bezeichnet werden, die sich in der göttlichen Einzigkeit als Urbestimmungen darstellen. Demzufolge ist jeder Archetyp der äußere Anblick eines einzelnen Namens, der auf diese Weise den inneren Anblick des entsprechenden Archetyps bilden. Aus diesen Archetypen gehen die Dinge in der sinnlichen Welt hervor. Die eigentliche Bedeutung der Archetypen erschließt sich aus ihrer Stellung zwischen der unbedingten Wirklichkeit und der äußeren sinnlichen Welt. Die Archetypen in ihrer Ausrichtung zum Unbedingten verhalten sich passiv und empfänglich, während sie in Richtung zur sinnlichen Welt tätig sind. Die Empfangsbereitschaft der Archetypen ist darin begründet, dass sie die reine Möglichkeit für die Selbstoffenbarung der göttlichen Wirklichkeit darstellen. Das bedeutet, dass die Archetypen wesentlich von der absoluten Wirklichkeit bestimmt sind und als solche zugleich die Art und Weise der Offenbarung der absoluten Wirklichkeit in der sinnlichen Welt bestimmen. In diesem Zusammenhang stellt Ibn ʿArabī fest, dass die Archetypen in der Abwesenheit (al-ʿadam) verborgen sind, wo sie unwandelbar vorhanden und auch nicht vorhanden sind. Im Hinblick auf die Zwischenstellung der Archetypen spricht er von ihnen auch vom dritten Ding, während das erste Ding die absolute Wirklichkeit und das zweite Ding die äußere sinnliche Welt bezeichnet. Das dritte Ding ist weder vom Sein noch vom Nicht-Sein bestimmt und auch nicht von Zeitlichkeit und Ewigkeit. Dennoch ist es der Grund und die Wurzel der äußeren Welt, das heißt, im dritten Ding oder in den unwandelbaren Wesensgründen ist die Welt als reine Möglichkeit enthalten. Die Entfaltung dieser reinen Möglichkeiten, die auch als Ideen im Platonischen Sinn bezeichnet werden können, ist für Ibn ʿArabī eine Möglichkeit, wobei Möglichkeit (mumkin) und Notwendigkeit (wāǧib) grundlegende Begriffe der islamischen Theologie sind. Notwendig ist das, was allein auf sich selbst gegründet ist; möglich dagegen ist das, was vorhanden und zugleich nicht vorhanden ist, das heißt alles, was kundgegeben werden kann. Ibn ʿArabī deutet beide Begriffe aber um: das Notwendige ist das Unbedingte und das Mögliche das Bedingte. Er geht dann noch einen Schritt weiter, wenn er feststellt, dass jede kundgebbare Möglichkeit notwendig ist, weil sie im Unbedingten enthalten ist. Aber auch die Kundgebung ist notwendig, weil sie möglich ist. Den Unterschied zwischen Möglichkeit und Notwendigkeit hebt sich in Gott auf, denn Gott, insofern er das Notwendige ist, das allein durch sich selbst begründet ist, ist zugleich die unbedingte Freiheit. Die kundgebbare Möglichkeit, das heißt die Möglichkeit zur Erschaffung der Welt geht aus der göttlichen Freiheit hervor und ist zugleich notwendig. Die Wurzel für die Schöpfung ist für Ibn ʿArabī die Einzigkeit der absoluten Wirklichkeit, die auf diese Weise Ausdruck der Dreiheit von 1. göttlicher Wesenheit und ihrer Selbstoffenbarung, 2. von göttlichem Willen und 3. vom göttlichen Befehl ist. Damit unterscheidet Ibn ʿArabī die Schöpfung der Welt von der innergöttlichen Selbstoffenbarung als solcher und bezeichnet damit die Stufen des Schöpfungsvorgangs. Zuerst erscheinen im göttlichen Selbstbewusstsein die göttlichen Eigenschaften und Namen sowie die unwandelbaren Wesensgründe oder Archetypen, wodurch sich die Möglichkeit der Vielheit kundgibt. Dann erhebt sich im göttlichen Selbstbewusstsein der göttliche Wille und führt die unwandelbaren Wesensgründe aus ihrem Nicht-Sein ins Dasein. Schließlich ergeht aus dem göttlichen Willen an die ins Dasein gebrachten Dinge der Befehl: „Sei (kun)“[27], wodurch die äußere Welt geschaffen wird. Damit die Dreiheit von Wesen, Wille und Wort des schaffenden Schöpfers tatsächlich wirksam werden kann, muss auf Seiten des Empfängers eine entsprechende Dreiheit vorhanden sein. Sie besteht 1. in seiner Dingheit, 2. in seinem Hören (samaʿ) und 3. in seinem Gehorsam gegenüber dem göttlichen Befehl, der sich auf die Schöpfung bezieht. Das Zusammenwirken zwischen aktiver und passiver

27 Koran 16, 40.

Dreiheit erklärt Ibn ʿArabī, indem er im Einzelnen die diesbezüglichen Entsprechungen aufzeigt. So entspricht 1. das unwandelbare urbildliche Wesen eines Dings im Zustand des Nicht-Seins oder der Abwesenheit dem Wesen seines Schöpfers. 2. das Hören des göttlichen Befehls, der an die Dinge ergeht, entspricht dem göttlichen Schöpferwillen und 3. die gehorsame Annahme im Hinblick auf das Ins-Dasein-Kommen der Dinge entspricht dem schöpferischen Gotteswort „Sei (kun)". Aus diesem Zusammenwirken von göttlicher Tat und göttlicher Empfängnis oder von göttlicher Vaterschaft und göttlicher Mutterschaft geht die Schöpfung endgültig hervor.

In der folgenden Skizze wird Ibn Ibn ʿArabīs Unterscheidung von göttlicher Wesenheit und göttlichen Eigenschaften oder göttlichen Namen veranschaulicht. Darin wird auch kurz die Grenze der menschlichen Gotteserkenntnis angezeigt.

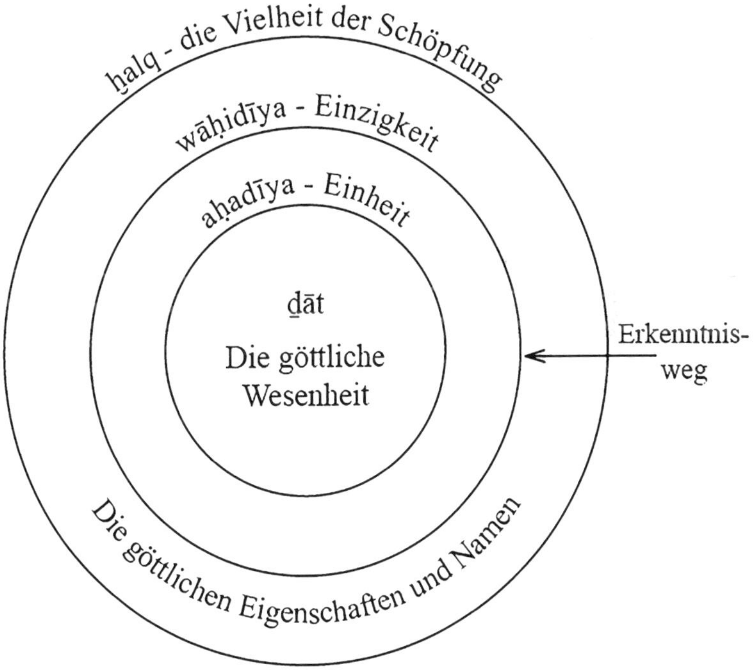

5. Der Unterschied von Wesenheit und Energien oder Eigenschaften und der geistige Weg zu Gott

In der bisherigen Gegenüberstellung ist deutlich geworden, dass die Lehre von Gregorios Palamas über den Unterschied von göttlicher Wesenheit und göttlichen Energien und die Lehre Ibn ʿArabīs über den Unterschied von göttlicher Wesenheit und göttlichen Eigenschaften vielfältige Entsprechungen aufweisen. Diese Entsprechungen dürfen aber nicht darüber hinwegtäuschen, dass das Verhältnis zwischen Christentum und Islam, von außen betrachtet, in vielen Bereichen durchaus gegensätzlich ist. Gregorios hat diese Gegensätze während seiner Gefangenschaft bei den Türken in mehreren Religionsgesprächen erfahren können. Die Briefe und andere Berichte aus seiner türkischen Gefangenschaft geben davon ein beredtes Zeugnis[28]. So berichtet er in seinem Schreiben an die Kirche von Thessalonike von einem Gespräch, das er mit einem gewissen Ismail, Neffe von Emir Orkhan, unter anderem über die göttliche Dreifaltigkeit, die Menschwerdung Gottes, die Gottessohnschaft Jesu und die Gottesmutter Maria, über die Kreuzigung Jesu und andere kontroverstheologische Themen geführt hat. Es ist nicht bekannt, ob dabei auch über die Mystik der beiden Religionen und im Besonderen über die Mystik Ibn ʿArabīs gesprochen wurde. Es lässt sich auch nicht feststellen, was Palamas über Ibn ʿArabīs sufische Lehren gesagt oder geschrieben hätte, wenn er dessen Schriften gekannt hätte. Der bedeutende französische Philosoph und Orientalist Henry Corbin (1903-1978) hat in einem unveröffentlichten Manuskript mit dem Titel „Mystiques byzantins et soufis orientaux“ über die Beziehung zwischen Gregorios Palamas und Ibn ʿArabī geschrieben: "à lire les textes aboutissant à un Ibn ʿArabi, ceux d'autre part conduisant à Grégoire Palamas, on éprouve le sentiment, parfois dramatiques, d'une recherche commune, à travers des techniques divergentes et un lexiques souvent convergent, vers une

28 Vgl. Jean MEYENDORFF, Grecs, Turcs et Juifs en Asie mineure aux XIVe siécle, in : Byzantinische Forschungen. Internationale Zeitschrift für Byzantinistik, Bd. 1 (Amsterdam), 1966. S. 211-217. Anna PHILIPPIDIS-BRAAT, La captivité de Palamas chez les turcs : dossier et commentaire, in : Centre de Recherche d'Histoire et civilisation de Byzance, Travaux at Mémoires 7, Paris 1979, S. 109-221 ; hier S. 147 ff. ; Außerdem : Grigorio PALAMAS, Scritti e documenti dalla prigionia fra i turchi, in : GREGORIO PALAMAS, Dal Sovraessenziale all'Essenza, testo greco a fronte, hrsg. von Ettore PERRELLA, Mailand 2004, S. 1468-1507.

consommation de la Vie qui s'exprime en termes semblables et où pourtant se joue la décision de la Christianité et de l'Islam".[29] Um eine solche Annäherung verstehen zu können, muss darauf hingewiesen werden, was in diesem Zusammenhang Mystik bedeutet. Grundsätzlich gehören zur byzantinischen Mystik (Hesychasmus) wie auch zur islamischen Mystik ((Sufismus / taṣawwuf) sowohl die metaphysische Lehre als auch die Verwirklichung (Methode) dieser Lehre. Lehre und Methode vereint bilden den geistigen oder mystischen Weg, der zur Gottesschau führt. Weil das Ziel dieser beiden mystischen Wege die eine Wirklichkeit Gottes ist, lassen sich von diesem höchsten Ziel her bestimmte Entsprechungen erkennen. Die Wege zu Gott bestehen für Palamas und Ibn ʿArabī vor allem darin, sich den ungeschaffenen Energien, Eigenschaften oder göttlichen Namen, in denen Gott ganz gegenwärtig ist, so vollkommen wie möglich anzugleichen. Wenn der gottsuchende Mensch sich diesen Energien, Eigenschaften oder Namen angleicht, vermag er also an der göttlichen Wirklichkeit teilzuhaben. Bei dieser Angleichung, die ein rein erkenntnismäßiger Vorgang ist, bei der zugleich auch die geistigen Tugenden verwirklicht werden, wird der göttliche Gehalt der Eigenschaften und heiligen Namen erfasst. Alle diese Eigenschaften und Namen sind aber nicht unmittelbar auf die höchste Einheit der göttlichen Wesenheit übertragbar, denn in ihr erlöschen alle Unterschiede; oder bildlich gesprochen, in ihr gibt es keine farblichen Unterschiede, sondern nur das eine unermessliche weiße Licht. Die wichtigste Methode der Angleichung besteht für Palamas wie auch für Ibn ʿArabī gleichermaßen in der Anrufung der heiligen Namen, die als solche Anblicke der Wirklichkeit Gottes sind. Das Organ der Anrufung ist für beide Mystiker das Herz und der Geist.

5. 1. Gregorios Palamas und der Weg zur Gottesschau

Im Hesychasmus wird die Anrufung mit Herzen deshalb auch als Herzensgebet bezeichnet, und weil der Name Jesu Christi angerufen wird, wird sie auch als Jesusgebet oder besser als das Namen-Jesu-Gebet bezeichnet. Das Herz ist für Palamas und die Hesychasten aber nicht vorrangig ein Ort des

29 Das Manuskript, das zwischen 1939 und 1942 in Istanbul entstanden ist, befindet sich im Henry-Corbin- Archiv an der École pratique des hautes études in Paris. Für den Hinweis auf dieses Manuskript und die Übersendung des entsprechenden Textes danke ich Herrn Hadi Fakhoury, McGill University Montreal, sehr herzlich.

Gefühls, sondern bildet vielmehr die Mitte des ganzen Menschen. Es ist der Grund allen menschlichen Daseins und die Wurzel und Quelle der inneren Wahrheit. Das Herz bildet auf diese Weise das innerste Selbst des Menschen und wird auch als sein Geist oder Intellekt (νοῦς) bezeichnet. Das Herz ist der Ort der höchsten Gottesschau oder innigsten Gottesbegegnung. Den Weg zu dieser Begegnung bezeichnet Palamas auch als einen Weg zur Vergöttlichung (θεώσις). Die Menschen, die diese Vergöttlichung erreichen, diese „Menschen sind in Gott, da sie von ihm zu Gott gemacht werden, und Gott ist in ihnen, der sie zu Gott macht. Somit haben auch sie Anteil an der göttlichen Wirkung (Energie), wenn auch auf andere Weise, doch nicht an der Wesenheit Gottes. Darum sagen auch die Theologen, die Gottheit sei eine Bezeichnung der göttlichen Energie“[30]. Der Vergöttlichung entspricht auch die Schau des ungeschaffenen göttlichen Lichtes, die Palamas unter Berufung auf die evangelischen Berichte ausführlich schildert: „Der Herr sprach zu seinen Jüngern: ‚Es gibt manche unter den hier Stehenden, die keinesfalls den Tod kosten, bis sie das Reich Gottes sehen, wie es in Macht gekommen ist[31]. Und nach sechs Tagen nahm er den Petrus, Jakobus und Johannes mit sich, stieg auf den Berg Tabor, leuchtete dann wie die Sonne, und seine Kleider wurden weiß wie das Licht[32]. Nicht nämlich hätten sie mehr besehen können, ja vielmehr vermochten sie nicht einmal unverwandt auf diesen Glanz zu blicken und fielen darum kopfüber zur Erde nieder[33]. Dennoch sahen sie gemäß der Verheißung des Heilands das Reich Gottes – jenes göttliche und geheimnisvolle Licht, welches Gregorios [Gregor von Nazianz] und Basileios der Große als Gottheit bezeichnen, indem sie sprechen: ‚Licht ist die den Jüngern auf dem Berg gezeigte Gottheit, und Schönheit des wirklich Mächtigen seine geistige und beschaubare Gottheit.‘ Der große Basileios nämlich sagt, jenes Licht sei auch Schönheit Gottes, allein für die Heiligen beschaubar in der Kraft des göttlichen Geistes. Darum sagt er auch von neuem: ‚Es sahen Petrus und die Donnersöhne seine Schönheit auf dem Berg, wie sie den Glanz der Sonne überglänzte, und sie wurden gewürdigt, das Vorspiel seiner Wiederkunft mit eigenen Augen zu überblicken.‘ Und der Theologe (Johannes) von Damaskos nannte zusammen mit

30 Gregoriou Palama Syngrammata, Bd. 5, S. 92.
31 Mk 9, 1 b.
32 Vgl. Mt 17, 1 f.
33 Vgl. Mt 17, 6.

dem Johannes mit der goldenen Zunge [Chrysostomus] jenes Licht den natürlichen Strahl der Gottheit. Der eine schreibt: ‚Der Sohn, ursprungslos aus dem Vater gezeugt, besitzt den natürlichen Strahl der Gottheit ursprungslos, und die Herrlichkeit der Gottheit wird zur Herrlichkeit des Leibes.‘ Der goldene Redner aber sagt: ‚Strahlender als er selbst erschien der Herr auf dem Berg, indem die Gottheit ihre Strahlen sehen ließ‘“[34]. Für Palamas sind diese Strahlen des göttlichen und ungeschaffenen Lichtes die ewigen Energien Gottes. Das Herzensgebet oder die immerwährende Anrufung des heiligen Namens bewirken die Angleichung und Teilhabe an den göttlichen Energien oder am göttlichen Licht, so dass sich in der Ruhe und Stille (ἡσυχία) des Herzens oder Geistes auf unaussprechliche Weise die lichtvolle Schau mit der göttlichen Wirklichkeit ereignet, in welcher der Gottsucher Gott in sich selbst wie in einem Spiegel erkennt. Mit anderen Worten, in dieser Schau wird die lichtvolle Wirklichkeit Gottes erkannt, aber nicht die göttliche Wesenheit oder Überwesenheit (ὑπερουσιότης)[35] an sich, und damit weist Palamas auf die Unterscheidung zwischen göttlicher Überwesenheit und den göttlichen Energien oder Wirkungen.

5. 2. Ibn ʿArabī und der Weg zur Gottesschau

Die geistige Schau der Wirklichkeit Gottes, die auch im Mittelpunkt von Ibn ʿArabīs Lehre und Weg steht, erfolgt, wenn der Gottsucher auf seinem Weg einen sehr hohen geistigen Zustand erreicht. Ein solcher Zustand entsteht aus der göttlichen Einwirkung, die im Menschen die entsprechende geistige Bereitschaft des Herzens[36] bewirkt. Die göttliche Einwirkung erweist sich für den Menschen als göttlicher Anblick oder als göttlicher Name. Die Bereitschaft des Herzens ist, wie Ibn ʿArabī sagt, „das Verborgenste, was es gibt“. Diese Bereitschaft ist zunächst nur ein Vermögen, das als Möglichkeit gegeben ist und nur dann hervortritt, wenn ihr Gehalt verwirklicht wird, was aber allein durch die göttliche Einwirkung geschieht. Auch die Bereitschaft zur Anrufung und ihre Verwirklichung wird von

34 Gregoriou Palama Syngrammata, Bd. 5, S. 116 f.

35 Vgl. Anm. 11.

36 Über die vielfältigen Anblicke des Herzens in der islamischen Mystik siehe: Roland Pietsch, Mit den Augen des Herzens sehen – über die Symbolik der mystisch-metaphysischen Schau im Islam, in: Blätter Abrahams – Beiträge zum interreligiösen Dialog, Heft 15, München 2016, S. 53-68.

Gott bewirkt. Dementsprechend ist der geistige Zustand einerseits durch die seelische und geistige Form gekennzeichnet, die in der Bereitschaft des Herzens liegt und andrerseits durch das einwirkende göttliche Licht, das von jeglicher Form frei ist, denn die göttliche Wirklichkeit hat keine Form noch ist sie in irgendeiner anderen Weise begrenzt. Die geistige Form, die sich bei der geistigen Schau dem Herzen aufprägt, ist aber göttlichen Ursprungs; sie ist somit die Spur einer göttlichen Wahrheit oder einer göttlichen Eigenschaft. Ibn ʿArabī schreibt dazu in seinem berühmten Werk „Die Fassungen Weisheit (Fuṣūṣ al-Ḥikam)“: „Das Herz des Gott-Erkennenden hat eine solche Weite, dass Abū Yazīd al-Bistāmī[37] von ihm gesagt hat: ‚Wenn auch der Thron Gottes und alles, was er umfasst, hunderttausend mal tausend in einem Winkel des Herzens des Gott-Erkennenden zugegen wäre, so würde es ihn nicht fühlen‘. Und Ǧunaid[38] sagte im gleichen Sinne: ‚Wenn das Vergängliche mit dem Ewigen verbunden wird, so hinterlässt es keine Spur mehr. – So das Herz aber das Ewige erfasst, wie könnte es noch das Dasein des Vergänglichen empfinden‘? – Wenn sich nun die Offenbarung Gottes von Form zu Form wandelt, so muss sich das Herz notwendigerweise den Formen gemäß, in denen die göttliche Offenbarung stattfindet, ausweiten oder zusammenziehen. Denn dem Herzen bleibt nichts von der Form, in welcher die Offenbarung stattfinden mag, vorenthalten“[39]. Wenn ein Gottsucher eine Form schaut, in der er erkennt, was er vorher nicht erkannt hat, dann ist diese Form nichts anderes als seine eigene Urbestimmung. Das aber ist das Gegenteil von dem, was die Mystiker, wenn sie sagten, dass sich Gott entsprechend der Bereitschaft der Anrufenden offenbart. Es ist vielmehr der Anrufende, der sich Gott in der Form offenbart, durch die sich ihm Gott offenbart. Diesen Widerspruch löst Ibn ʿArabī auf, wenn er feststellt, dass Gott grundsätzlich zwei Weisen der Offenbarung zu eigen sind: „eine Offenbarung im Nicht-Kundgegebenen und eine Offenbarung in der Kundgebung. Durch Seine Offenbarung in der Nicht-Kundgebung teilt Er dem Herzen dessen Zustand der Bereitschaft mit. Es ist das

37 Abu Yazid al-Bistāmī (803-875), persischer Sufi. Vgl. Helmut Ritter, die Aussprüche des Bayezid Bistami. Eine vorläufige Skizze, in: Westöstliche Abhandlungen. Rudolf Tschudi zum 70. Geburtstag, Wiesbaden 1954, S. 231-243.

38 Abūl-Qāsim al-Ǧunaid ibn Muḥammad al-Ḫazzāz al-Qawarīrī, gest. 910, ein aus Persien stammender Vertreter der Bagdader Mystik.

39 Ibn 'Arabī, Die Fassungen der Weisheit, in: Spektrum Iran – Zeitschrift für islamisch-iranische Kultur, 21. Jg. Heft 4, 2008, S. 28.

die wesentliche Offenbarung, deren Wirklichkeit in der Nicht-Kundgebung besteht und die eins ist mit der Selbstheit (al-huwiyya), die Gott als Er selbst (huwa) ist. - Er ist aber für sich selber in aller Ewigkeit das Selbst. – Wenn ihm [dem Gott-Erkennenden] nun – das heißt dem Herzen – diese Bereitschaft zuteilgeworden ist, so offenbart sich ihm Gott in Seiner kundgegebenen Offenbarung im Zustand der Kundgebung, als dass es Ihn sieht. Dann erscheint es in der Form dessen, was ihm offenbart wird, wie beschrieben. Gott der Erhabene gibt dem Herzen den Zustand der Bereitschaft nach seinem Wort: ‚Er gibt jeglichem Ding Seine Beschaffenheit, dann leitet Er'[40], das heißt, dann hebt Er den Schleier zwischen sich und seinem Knecht auf, so dass Ihn dieser in der Form seines Glaubens an Gott schaut. Denn Gott ist der Inbegriff seines Glaubens, und weder das Herz noch das Auge schaut je etwas anders in Gott als die Form seines Glaubens"[41]. Das bedeutet, dass der Mensch die göttliche Wesenheit (al-ḏāt) an sich nicht erkennen kann. Diese Wesenheit kann sich nicht als solche offenbaren; sie offenbart sich allein der Form der Bereitschaft desjenigen, der diese Ausstrahlung empfängt. Mit anderen Worten, der Gott-Erkennende schaut nicht die göttliche Wesenheit an sich, sondern nur seine eigene Form im göttlichen Spiegel.

6. Zum Abschluss

Wenn die geistigen oder mystischen Wege von Gregorios Palamas und Ibn ʿArabī ihr göttliches Ziel in der Vereinigung mit der Wirklichkeit Gottes erreichen und sich in ihr vollenden, dann fallen alle äußeren und inneren Religionsgegensätze weg, denn die göttliche Wirklichkeit ist grenzenlos und unendlich. Dieser grenzenlosen Wirklichkeit entsprechen gleichsam spiegelbildlich unendlich viele Offenbarungen. Ibn ʿArabī hat die mystisch-metaphysische Offenheit für diese göttlichen Offenbarungsformen und -wege in einem großartigen Gedicht zum Ausdruck gebracht, das offensichtlich auf seiner allumfassenden Gottesschau beruht:

40 Koran 20, 52.
41 Ibn 'Arabī, Die Fassungen der Weisheit, S. 30.

„Mein Herz ist offen für jede Form:
Es ist eine Weide für Gazellen,
Ein Kloster für christliche Mönche,
Ein Götzentempel, die Kaaba des Pilgers,
die Tafeln der Torah und das Buch des Korans.
Ich übe die Religion der Liebe.
In welche Richtung immer die Karawane zieht,
die Religion der Liebe wird meine Religion
und mein Glaube sein“[42]

42 Ibn 'Arabī, Tarǧumān al-ašwāq (Der Übersetzer der Sehnsüchte), hrsg. Von Reynold A. Nicholson, London 1911, Reprint 1987, S. 19 (arabischer Text) und S. 67 (englische Übersetzung).